Fabelhafte Pony-Geschichten zum Vorlesen

23 Geschichten zum Vor- und Selberlesen

Erzählt von Julia Boehme, Usch Luhn, Luise Holthausen und vielen anderen

Redaktion: Marlen Bialek
Coverillustration: Eleni Livanios
Coverlayout und Satz: Karin Kröll
Lithografie: ReproTechnik Fromme, Hamburg
ISBN 978-3-551-18129-9

Inhalt

Inhalt

Inhalt

Geschichten für Kinder ab 4 Jahren

Ida reitet aus

Eine Geschichte von Katrin M. Schwarz
mit Bildern von Anja Reichel

Ida darf heute reiten. Auf einem richtigen Pony! Mama und Papa haben es ihr versprochen, weil Ida es sich schon so lange gewünscht hat. Papa holt das Auto aus der Garage. Jetzt schnell die Schuhe angezogen, dann geht es los.

Im Zirkus ist Ida auch schon einmal geritten. Nach der Vorstellung in der Manege. Aber da ging es immer im Kreis herum.

Ida springt aus dem Auto und läuft direkt zu den Ponyställen. Mehrere süße Ponys stehen in den Boxen. Eines reckt den Kopf weit aus seiner Box heraus und schaut Ida neugierig entgegen.

Vorsichtig berührt
Ida die weiche Nase des Ponys. Wie warm sie ist!

Das Pony schaut Ida aus dunklen Augen an. »Ich möchte mit dir
ausreiten«, sagt dieser Blick.

Papa öffnet die Stalltür und führt das kleine Pony heraus. Braun ist es
mit weißen Flecken im Fell. Es sieht aus wie ein Indianerpony.

»Sie heißt Flicka«, sagt Mama.

Und Ida flüstert ihr ins Ohr: »Hallo, Flicka. Ich bin Ida.«

Bevor das Pony gesattelt wird, muss es noch geputzt werden. Das darf
Ida selbst machen: Mit einer Bürste fährt sie sanft über Flickas Fell.
Flicka scheint das zu genießen. Sie wackelt mit den Ohren und
schnaubt durch die Nase.

Endlich hebt Papa Ida auf Flickas Rücken. An einem Strick, der an
Flickas Halfter befestigt ist, führt Papa Flicka vom Hof.

Stolz sitzt Ida oben und spürt die weichen Bewegungen des Ponys.

Sie hat überhaupt keine Angst.

Auf einem kleinen Weg reitet Ida durch den Wald. Brav folgt Flicka
Mama und Papa. Doch als sie frische Löwenzahnblätter am
Wegesrand entdeckt, bleibt sie stehen. Genüsslich beginnt sie zu
fressen.

Papa zieht am Halfter und schnalzt mit der Zunge. Aber Flicka ist
nicht dazu zu bewegen, auch nur einen Schritt weiter zu gehen.
Der Löwenzahn ist viel zu lecker.

Da hat Ida eine Idee. »Mama, wenn du Löwenzahn pflückst und
Flicka damit lockst, wird sie dir bestimmt folgen.«

Mama findet die Idee auch gut. Und wirklich: Als Mama mit den Armen voller Löwenzahn vorausgeht, hebt Flicka den Kopf und setzt sich wieder in Bewegung.

Von nun an geht es ohne Unterbrechung durch den Wald. Ab und zu bekommt Flicka eines der Blätter, damit sie fleißig weiterläuft.

Ida jubelt. Sie fühlt sich wie eine echte Indianer-Squaw.

Als Flicka wieder im Stall steht, bekommt sie von Ida eine dicke Möhre als Belohnung, Und eine extra große Portion Löwenzahn dazu.

Ein Fohlen auf dem Ponyhof

Eine Geschichte von Hanna Sörensen
mit Bildern von Barbara Moßmann

Jeden Tag laufen Paul und Anna zum Ponyhof. Ihr Lieblingspony
Lina wird bald ein Fohlen zur Welt bringen.

»Wann ist es so weit?«, ruft Paul.

»Es dauert nicht mehr lange«, lächelt die Tierärztin.

Einige Tage später hören Anna und Paul leises Prusten im Stall.

Das Fohlen ist da! Es kuschelt sich an Linas Bauch.

»Ist das süß«, freut sich Anna. »Wie nennen wir es?«

»Hm. Es ist ein kleiner Hengst. Bestimmt fällt uns ein Name ein,
wenn wir ihn besser kennen«, meint Paul.

Lina ist von der Geburt erschöpft. Anna und Paul helfen
Pferdepflegerin Sophia, damit Lina schnell wieder zu Kräften kommt.

»Was bekommt das Fohlen zum Frühstück?«, fragt Anna.

Das Fohlen trinkt Linas Milch. Anna und Paul beobachten,
wie es auf wackeligen Beinen über die Weide stakst.
Doch wenige Tage später tobt das Fohlen munter umher.
Jetzt traut es sich auch etwas weiter von Lina weg. Anna und
Paul lachen über seine ausgelassenen Sprünge.
Das Fohlen wächst und wächst. Es trinkt immer noch Linas Milch.
Aber es mag auch die Äpfel und Möhren, die Paul und Anna
ihm bringen.
»Hast du schon eine Idee für
seinen Namen?«, fragt Paul.
Anna schüttelt den Kopf.
Einige Zeit später machen
Anna und Paul mit Lina

17

und dem Fohlen einen Ausflug. Mit gespitzten Ohren schaut sich das
Fohlen um. Es gibt so viel zu entdecken.

Dann ist es so weit: Anna darf das erste Mal seit der Geburt wieder auf
Lina reiten. Doch zuerst wird Lina geputzt. Sophia kratzt ihre Hufe
aus. Auch das Fohlen wird gebürstet. Das gefällt ihm gut.

Sophia holt Linas Sattel aus der Sattelkammer. Dort wird auch das
Zaumzeug aufbewahrt.

Anna und Lina freuen sich schon aufs Reiten!

Paul und das Fohlen warten neben dem Reitplatz, während Anna auf
Lina reitet. Immer wieder schaut das Fohlen hinüber zu seiner Mutter,
doch es bleibt brav bei Paul stehen.

»Das Fohlen braucht noch einen Namen«, sagt Sophia.

Aber Paul und Anna ist noch nichts eingefallen.
Am Abend bringen Anna und Paul die Ponys
in den Stall. Lina kuschelt sich ins Stroh.
»Ich hab's!«, ruft Paul. »Wir nennen
das Fohlen Linus.«
Das findet Anna gut.
Nun ist für alle Schlafenszeit
und Paul und Anna
verabschieden sich von
den Ponys.
Gute Nacht, Lina! Schlaf gut,
Linus!

Das kleine, dicke Pony

**Eine Geschichte von Ruth Rahlff
mit Bildern von Katharina Lindenblatt**

Fritzi ist unterwegs zum Ponyhof. »Hüa!«, ruft sie und tritt in
die Pedale.

Fritzi ist spät dran: Den Ausritt heute will sie auf keinen Fall
verpassen! Sie sieht sich schon über die Wiesen galoppieren …

Auf dem Ponyhof haben die anderen Mädchen ihre Pferde für den
Ausritt vorbereitet.

Fritzi begrüßt jedes Pony: Annabella, Fantasia, Kleopatra und
Goldmähne.

»Tut mir leid«, sagt die Reitlehrerin, » fast alle Pferde sind vergeben.«
Fritzi lässt den Kopf hängen.

»Aber eines ist noch frei«, meint die Reitlehrerin.

»Das kleine, dicke Pony?«, jammert Fritzi. »Oje!«

Das Pony heißt eigentlich Melissa, aber alle nennen es nur kleines, dickes Pony. Völlig zu Recht, findet Fritzi, das Pony ist wirklich sehr klein und sehr dick. Es steht in der hintersten Ecke der Weide und sieht Fritzi misstrauisch entgegen.

Das kleine, dicke Pony bleckt die Zähne, als Fritzi mit dem Zaumzeug kommt. Entschlossen legt sie ihm den Sattel auf den Rücken. Das Pony bläht den Bauch auf – und wird zu einem sehr, sehr dicken Pony. Fritzi zurrt den Sattelgurt fest. Die Schnalle passt gerade ins letzte Loch. Dann geht es los. Annabella tänzelt vorneweg. Fantasia wiehert feurig. Kleopatra schreitet majestätisch einher. Goldmähne sieht einfach wunderschön aus.

Das kleine, dicke Pony trödelt hinterher.

»Ach, komm!«, treibt Fritzi es an. Sie lockt und bittet, ruft und drängelt. Das kleine, dicke Pony hat es nicht eilig.

Fritzi ist erschöpft. Nichts kann das Pony dazu bringen, schneller zu laufen oder graziöser zu gehen. Sie beginnt zu träumen: In Wirklichkeit ist ihr kleines, dickes Pony ein großer, schwarzer Hengst. Gerade als sie auf ihrem Hengst einen Hügel hinaufreitet ...

... schlägt Fritzi ein Schweif ins Gesicht.

Empört dreht sich Goldmähnes Reiterin um. »Halt gefälligst Abstand!«

»Warum bleibt ihr stehen?«, fragt Fritzi erstaunt.

Kleopatra und Annabella machen einen Schritt zur Seite. Fantasia senkt den Kopf.

Nun sieht Fritzi, warum es nicht weitergeht: Mitten auf dem Weg hockt ein Frosch. »Quak!«

Die Pferde
schnauben nervös.
»Quak!«
Kein Pferd traut sich
weiter. Fritzi ist ratlos.

Doch das kleine, dicke Pony setzt sich unbekümmert in Bewegung
und stapft an dem Frosch vorbei.

Stolz reitet Fritzi jetzt voran. Da liegt ein Baumstamm quer im Weg.
Ohne Zögern springt das kleine, dicke Pony hinüber.

»Warte auf uns«, rufen die anderen.

Annabella tänzelt am Stamm vorbei, Fantasia weicht ängstlich zurück.

Kleopatra hat sich im Wald verdrückt. Goldmähne wiehert bezaubernd.

Wenig später erreichen sie den Bach. In der Nacht hat es geregnet.

Nun sieht der Bach wie ein reißender Fluss aus. Seite an Seite staksen
Annabella und Kleopatra durchs Wasser.

Fritzi hält den Atem an. Ob das gut geht? Fantasia springt hinter
ein Gebüsch. Goldmähne rührt sich nicht.

»Das schaffen wir nie«, murmelt Fritzi.

Da marschiert das kleine, dicke Pony los. Schon reicht ihm das Wasser bis zum Bauch. Fritzi befürchtet das Schlimmste. Zum Baden ist es viel zu kalt! Doch kurz darauf gelangen sie ans andere Ufer.

»Wie war der Ausritt?«, fragt die Reitlehrerin später.

»Super!«, ruft Fritzi.

Das kleine, dicke Pony prustet. Fritzi könnte schwören, dass es ihr gerade zugezwinkert hat.

Millies Überraschung

Eine Geschichte von Luise Holthausen
mit Bildern von Cathy Ionescu

Die Klasse 1a hat Deutschunterricht. »Heute lernen wir einen neuen Buchstaben«, sagt die Lehrerin Frau Möller und schreibt ein großes »M« an die Tafel. »Welche Wörter kennt ihr, die mit einem ›M‹ anfangen?« Sofort melden sich ganz viele Kinder. »Maus – Mama – Mann – Mund«, rufen sie. Frau Möller schreibt alle »M«-Wörter an die Tafel.

Nur Paula sagt nichts. Sie hat gar nicht zugehört, denn sie muss die ganze Zeit an ihr Pony Millie denken. Vor sechs Monaten hat sie Millie zum Geburtstag geschenkt bekommen. Zuerst war das Pony lustig und frech, hat ihr den Reiterhelm vom Kopf geschubst oder Mamas Handtasche angeknabbert. Doch in der letzten Zeit ist Millie komisch. Erst wurde sie immer fauler und dicker und seit gestern mag sie nicht einmal mehr etwas fressen.

Millie steht bei einem Bauern im Stall. Paula kann sie jeden Nachmittag besuchen, weil der Stall gar nicht weit weg von ihrer Wohnung ist. Am liebsten wäre sie auch heute Morgen gleich wieder hingegangen, aber das haben die Eltern natürlich nicht erlaubt.

»Und du, Paula? Welches Wort kennst du mit ›M‹?« Frau Möller steht mit einem Mal direkt vor ihr. Paula fährt hoch und stottert: »Millie.« Frau Möller runzelt die Stirn. »Millie? Das ist doch kein Wort.«

»Millie ist ein Name«, erklärt Paulas Freundin Nele. »Millie heißt ihr Pony.«

»Ach so«, sagt Frau Möller. Sie geht wieder nach vorne und schreibt »Millie« neben die anderen »M«-Wörter an die Tafel.

Nach der Schule rennt Paula gleich nach Hause. Mama steht schon an der Tür und wartet auf sie. In der Hand hält sie ihren Autoschlüssel.

»Komm, wir fahren rasch zu Millie«, sagt sie.

Paula bekommt einen Schreck. Gleich nach der Schule zu Millie, ohne Mittagessen und Hausaufgaben und dann auch noch mit dem Auto?

Das hat es ja noch nie gegeben!

»Ist Millie etwas passiert?«, fragt sie ängstlich.

Mama lacht. »Ja, aber du musst dir keine Sorgen machen. Der Bauer hat heute Vormittag hier angerufen. Millie hat eine Überraschung für dich.«

Das klingt geheimnisvoll. Paula kann im Auto kaum still sitzen vor Aufregung. Zum Glück sind sie ganz schnell am Bauernhof. Paula springt aus ihrem Sitz und läuft in den Stall.

Millie steht neben ihrer Box und begrüßt sie mit einem freundlichen Schnauben. Alles ist also wie immer.

Fast alles. Denn Millie ist nicht allein in ihrer Box. Neben ihr steht auf wackeligen Beinen ein ganz kleines Pony, das ihr bis auf die Mähnenspitze gleicht. Ein Fohlen.

Millies Fohlen!

»Die Überraschung ist dir wirklich gelungen«, sagt Mama und streichelt erst Millie und dann das Fohlen. »Jetzt hat Paula zwei Ponys. Und keiner hat was davon gewusst.«

Paula kann vor Glück gar nicht sprechen. Sie schlingt nur die Arme um den Hals von ihrem Pony und drückt das Gesicht in die weiche Mähne.

»Ich bin ja so froh, dass es dir wieder gut geht«, flüstert sie.

Ferien auf dem Ponyhof

Eine Geschichte von Katrin M. Schwarz
mit Bildern von Astrid Vohwinkel

Nele ist glücklich. Eine ganze Ferienwoche darf sie nun auf dem Ponyhof verbringen. Den ganzen Tag Pferde putzen, Zöpfe flechten und natürlich reiten! Fröhlich winkt sie Mama und Papa zum Abschied hinterher.

Im Stall entdeckt Nele sofort ihr Lieblingspony. Ganz schwarz ist es, mit einem kleinen weißen Fleck auf der Stirn.

Doch da taucht plötzlich Laura auf. »Blacky habe ich mir schon ausgesucht«, sagt sie und schiebt Nele beiseite.

Schüchtern sieht Nele zu, wie Laura und die anderen Mädchen
ihre Ponys aus den Boxen holen.
Auch Nele führt schließlich ein Pony in die Reitbahn. Flori heißt es
und es wirft unruhig den Kopf auf und ab.
Während der Reitstunde sieht Nele immer wieder neidisch zu Laura
hinüber. Wie eine Königin thront sie auf Blacky. Selbst im Trab
scheint sie auf ihm zu schweben, während Nele auf Flori kräftig
durchgerüttelt wird.

Abends im Bett kämpft Nele mit den Tränen. Sie hatte sich alles so
schön vorgestellt. Und nun liegt sie hier und fühlt sich einsam und
verlassen.
Am liebsten möchte sie gleich wieder nach Hause.
Ganz leise steht Nele auf und schleicht sich in den Stall. Die Ponys
können sie bestimmt trösten.

Das leise Schnauben
der Tiere beruhigt Nele sofort. Es sieht
so gemütlich aus, wie die Ponys in ihren Boxen stehen und sich mit
schläfrigen Augen ausruhen.

Leise, um die Ponys nicht zu erschrecken, geht Nele zu Blackys
Box. Doch mit Blacky stimmt etwas nicht! Unruhig scharrt er mit
den Hufen und wirft immer wieder seinen Kopf hinunter zum
Bauch.

Als Nele ihn streicheln will, spürt sie, dass sein Fell ganz verschwitzt ist. Jetzt ist sie sicher: Blacky ist krank.

Schnell läuft Nele ins Haus zurück. Sie muss Hilfe holen. »Wach auf«, ruft sie und rüttelt Laura aus dem Schlaf. Als Laura hört, dass es Blacky schlecht geht, ist sie sofort hellwach.

Alle Mädchen springen aus den Betten.

»Geh du zurück zu Blacky«, bittet Laura Nele. »Ich werde Frau Schiemer Bescheid sagen.«

Die Mädchen laufen hinter Nele her zum Stall. Fast muss sie lachen: Alle stecken noch in ihren Nachthemden. Sie sehen aus wie eine Horde Gespenster.

Blacky liegt inzwischen auf dem Boden und wälzt sich hin und her.
»Er scheint Bauchkrämpfe zu haben, eine Kolik«, sagt Frau Schiemer,
die sich durch die Mädchen hindurch in die Box drängelt. »Nele,
führe ihn in der Stallgasse auf und ab. Ich rufe die Tierärztin.«
Mit Lauras Hilfe legt Nele dem unruhigen Pony das Halfter an und
zieht es sanft auf die Beine. Die Bewegung scheint Blacky gutzutun,
er atmet ruhiger und geht brav neben Nele her.

Die Tierärztin bestätigt Frau Schiemers Verdacht: Blacky hat tatsächlich eine Kolik. Sie gibt ihm ein Medikament, das seinen Bauch entspannt, und bittet die Mädchen, ihn noch etwas spazieren zu führen.

»Blacky hatte großes Glück«, sagt Frau Schiemer. »Wenn Nele nicht nach ihm gesehen hätte, wäre die Kolik sicher schlimmer geworden.«

Laura sieht Nele an, erst verstohlen und dann ganz direkt: »Freunde?«, fragt sie mit breitem Grinsen.

Nele ist sprachlos. »Äh, wenn ich auch ab und zu auf Blacky ...«

»Na klar!«, ruft Laura. »Wir wechseln uns ab!«

Jetzt muss auch Nele grinsen: »Freunde!«, antwortet sie.

Glücklich kriecht Nele in ihr warmes Bett.
Sie freut sich auf den neuen Tag: mit Blacky, Laura und den anderen Mädchen.

Hannes der Stallknecht

Von Anne-Marie Frisque

Hannes liebt Pferde! Das trifft sich gut, denn er ist Stallknecht auf der Ritterburg. Den ganzen Tag verbringt er bei den Pferden und kümmert sich darum, dass es ihnen an nichts fehlt.
Am liebsten hat er den Grauschimmel Sturmwind.
Mit der Stallarbeit gibt sich Hannes aber nicht zufrieden. Ganz früh morgens, wenn auf der Burg noch alles schläft, schwingt Hannes sich auf Sturmwind. Dann galoppieren sie heimlich hinaus ins Gelände und haben einen Riesenspaß. Sturmwind ist aber ausgerechnet auch das Lieblingspferd des Ritters. Und eines Tages entdeckt dieser Hannes' Geheimnis.

Der Ritter ist furchtbar wütend. Doch Hannes wagt es zu widersprechen: »Sturmwind hat es sehr gern, wenn wir galoppieren.«
So viel Mut beeindruckt den Ritter. Da sein Kurier krank geworden ist, vertraut er Hannes einen wichtigen Auftrag an: »Bring diesen Brief in die Stadt und komm schnell mit der Antwort zurück. Aber wehe, es gelingt dir nicht ...«
In der Stadt hat er bald die Adresse gefunden – es ist ein kleiner Palast. Hannes fühlt sich plötzlich ganz schüchtern.

Eine vornehme Dame nimmt den Brief entgegen. Hannes wartet, bis sie ihn gelesen und die Antwort geschrieben hat. Dann macht er sich auf den Heimweg.

Im Wald aber lauern schon die Räuber.

Sie haben es auf Hannes' schönes Pferd abgesehen. Doch Hannes und Sturmwind wissen sich zu wehren: Der Grauschimmel bäumt sich auf und Hannes macht Gebrauch von der Peitsche.

Die Räuber flüchten und Hannes kommt heil auf der Burg an.

Er berichtet, wie Sturmwind und er die Räuber verjagt haben.

»Sehr gut!«, sagt der Ritter. »Du hast dich tapfer und geschickt gezeigt. Du wirst meinen Kurier auch beim großen Turnier vertreten.« Aber zuerst muss Hannes sich um die Rüstung und die Waffen des Ritters kümmern. Alles soll in Ordnung und blitzblank geputzt sein.

Endlich ist der große Tag da! Sturmwind ist mit einem prächtigen Überwurf geschmückt und Hannes darf den Schild mit dem Wappen des Ritters auf den Kampfplatz tragen.

Er ist sehr stolz, doch er macht sich auch große Sorgen. So ein Turnier ist gefährlich. Hoffentlich wird Sturmwind nicht verletzt.

»Hannes!«, ruft da plötzlich eine vertraute Stimme. »Schläfst du denn immer noch? Es ist Zeit zum Aufstehen! Hast du vergessen, dass heute deine Reitstunde ist?«

Puh, denkt Hannes, hier geht's ja ruhiger zu als in meinem Traum!
Aber toll ist es trotzdem. Und das Gute ist: Hier kann den Pferden
nichts passieren. »Aber wenn wir alleine sind«, flüstert er dem
Grauschimmel ins Ohr, »dann nenne ich dich Sturmwind.«

Das ausgebüxte Pony

Eine Geschichte von Ruth Rahlff
mit Bildern von Kerstin M. Schuld

»Lotta, gehst du kurz mit Fritze Gassi?«

Lotta stöhnt leise. Gerade hat sie es sich mit ihrem Buch in der Hängematte gemütlich gemacht. Und jetzt schon wieder aufstehen?

»Wuff!«

Lotta schaut nach unten. Fritze sitzt vor der Hängematte und wedelt fröhlich mit dem Schwanz.

»Da kann man ja wohl nicht Nein sagen«, seufzt Lotta und muss grinsen, als Fritze aufgeregt an ihrer Hand schleckt. Sie klettert aus der Hängematte und läuft mit Fritze zu Mama in die Küche.

»Klasse, danke schön!«, sagt Mama und reicht Lotta die Hundeleine.

»Wenn ihr wiederkommt, können wir gleich essen.«

Lotta trottet los. Fritze rennt freudig neben ihr her.
An jeder Ecke gibt es was zu schnüffeln.
»Nun komm aber«, stöhnt Lotta, »sonst
schaffen wir die Runde nie.«
Mittags gehen Lotta, Mama oder Papa
mit dem Hund immer die gleiche Runde –
einmal aus dem Wohnviertel raus, am Waldrand
vorbei und an den Weiden entlang wieder zurück nach Hause.
Die beiden haben gerade den Waldrand hinter sich gelassen, da hält
Lotta plötzlich an. Auf der Weide steht ... ein echtes Pony! »Ist das
süß!«, ruft Lotta und rennt zum Zaun. »Wo kommst du denn her?«
Lockend streckt sie die Hand aus. »Du bist das schönste Pferd,
das ich je gesehen habe.«
Nach wenigen Augenblicken kommt das Pony zum Zaun und lässt
sich kraulen.
»Hallo!«, hört Lotta eine Stimme hinter sich. »Magst du Pferde?«
Lotta dreht sich um. Vor ihr steht ein Mädchen, das etwa so alt ist
wie sie selbst.
»Ich heiße Fee und das ist mein Pony Max.«
»Wow, du hast ein eigenes Pony!«, staunt Lotta. »Hast du es gut!
Ich finde Pferde ganz toll!«
Fee lächelt. »Ich auch! Aber ich muss mich beeilen. Max und
ich bekommen gleich
Reitunterricht.«

»Bis bald mal wieder«, verabschiedet sich Lotta und streichelt dem
Pony noch einmal zärtlich über die Mähne. Gedankenverloren
wandert sie mit Fritze nach Hause. Von nun an kann es Lotta kaum
erwarten, mittags die Gassirunde zu gehen. Nach kurzer Zeit
wiehert Max, sobald er sie sieht.

»Ich hab dir was mitgebracht«, sagt Lotta und zieht einen Apfel
aus der Tasche. Dann streichelt sie das Pony nach Herzenslust.

Einige Wochen später läuft Lotta wie immer am Waldrand vorbei.
Obwohl es regnet, will sie schnell zu Max. »Komm, Fritze, Max
wartet doch auf uns.«

Aber der Hund lässt sich nicht beeindrucken und schnüffelt
weiter an den Bäumen.

Plötzlich hört Lotta ein leises Schnauben.

Da steht ja Max! Mitten auf der freien Wiese! Seelenruhig zupft
das Pony an einigen Grashalmen. Von Fee keine Spur.

»Bist du etwa ausgebüxt?«, fragt Lotta und überlegt: »Ich muss
dich irgendwie zurückbringen.«

Langsam zieht Lotta die Möhre aus der Tasche, die sie für
Max eingesteckt hat. Neugierig kommt das Pony näher.

»Die bekommst du auf der Weide, versprochen!«, sagt Lotta
und packt Max an der Mähne. So kann sie das Pony führen.
Kurze Zeit später erreichen sie die Weide. Schon von
Weitem hört Lotta ein lautes Schluchzen. Fee sitzt vor dem
offenen Gatter und weint. Als sie Lotta, Max und Fritze sieht,
springt sie auf.

»Du hast ihn gefunden!«, jubelt Fee. »Ich habe schon überall nach
ihm gesucht. Irgendwie muss Max das Gatter geöffnet haben.«
Strahlend fällt sie Lotta um den Hals.

Am Abend klingelt es an der Tür.

»Besuch für dich«, ruft Mama.

Neugierig läuft Lotta zur Tür. »Ich wollte mich noch einmal bei
dir bedanken«, sagt Fee. »Und fragen, ob du morgen mit mir auf Max
reiten willst.«

Lotta macht große Augen.

»Na klar!«, ruft sie.

Von nun an reiten
Lotta und Fee
gemeinsam auf Max.
Und sie gehen
gemeinsam mit
Fritze Gassi.

Thore, das kleine Islandpferd

Eine Geschichte von Dirk Walbrecker
mit Bildern von Susanne Laschütza

Am frühen Morgen hat die Stute Tinka ein Fohlen zur Welt gebracht: das kleine Islandpferd Thore. Leise schnaubend begrüßt die Pferdemutter ihr gerade geborenes Kind und liebkost es mit der Nase. Kaum hörbar antwortet das Fohlen und macht hungrig saugende Mundbewegungen. Aber bevor Thore die erste Milch bekommt, wird er am ganzen Körper zärtlich von seiner Mutter abgeschleckt.
Und dann steht Thore zum ersten Mal staksig und wackelig auf seinen vier Beinen. Die Pferdemutter Tinka stupst ihr Fohlenkind vorsichtig an, damit das Kleine ihr Euter findet: In den ersten Lebenstagen will das Fohlen alle paar Minuten trinken.
Nach wenigen Stunden kann das kleine Hengstfohlen schon traben und galoppieren.
Zusammen mit seiner Mutter Tinka macht Thore den ersten Ausflug in seiner Heimat Island. Mit großen Augen und aufgestellten Ohren will Thore die Welt kennenlernen.
Voller Neugier begrüßt Thore seine älteren Geschwister und die anderen Stuten der Herde – er hat eine große Familie!

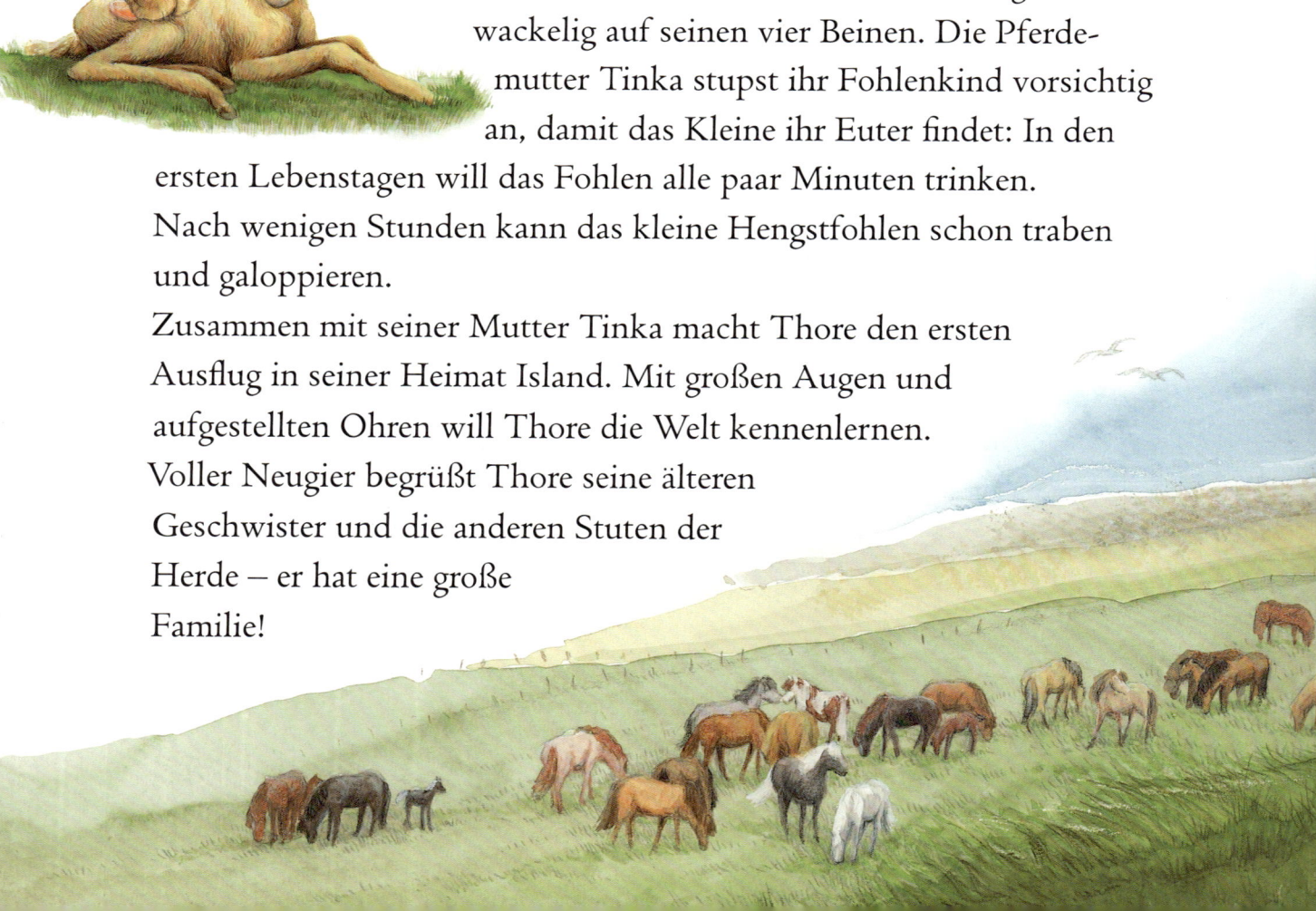

Es wird Frühsommer auf Island und die grünen Berge locken. Dort wächst jetzt viel frisches Gras. Thore wird schnell größer und kann der Herde auf flinken Beinen folgen. Vorneweg läuft die Leitstute. Als Letzter folgt der Leithengst und passt auf, dass sich der Herde kein fremder Hengst nähert.

Zwischendurch macht die Herde immer wieder halt zum Grasen oder Trinken.

Am Abend sind Thore und die anderen Fohlen sehr müde. Während die kleinen Pferde schlafen, werden sie von den erwachsenen Pferden beschützt, die nur noch viele kurze Nickerchen machen.

Thore hat inzwischen eine Freundin gefunden.
Die beiden schnauben einander an, kraulen sich das Fell
oder zwicken sich freundschaftlich. Zwischendurch machen
sie Wettrennen über die weiten Sommerwiesen, wo auch Schafe grasen.
Nach dem Toben und Tollen gehen die Pferde zum Fluss.
Hier löschen sie ihren Durst. Manchmal üben sie auch schwimmen.
Am Euter der Mutter trinken die Fohlen nun immer seltener.
Der Sommer in Island ist kurz. Schon fegen Regenschauer übers
Land und die Herde zieht von den Bergen hinunter ans Meer,
wo es wärmer ist.

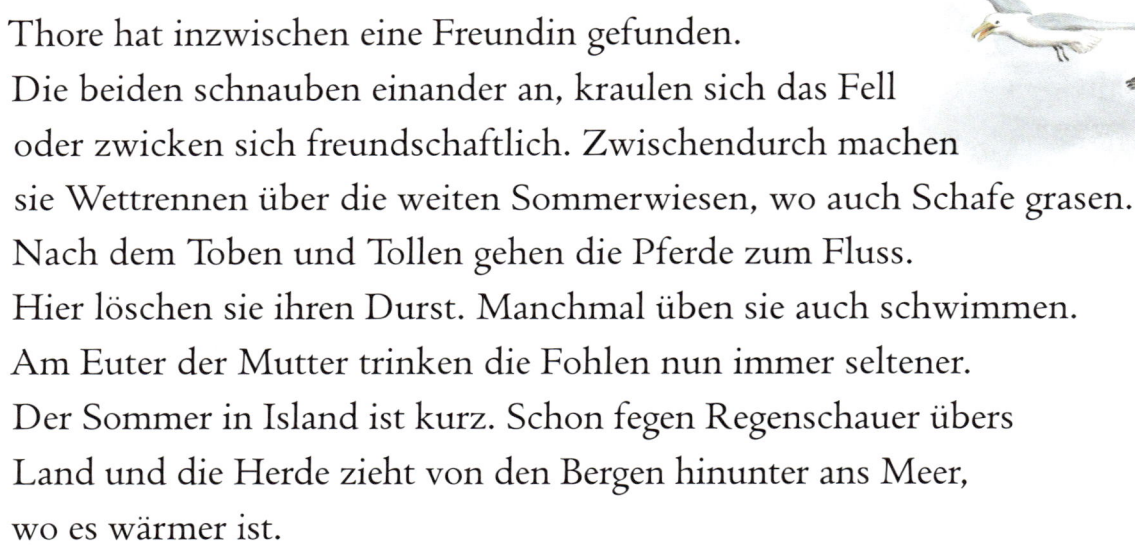

Hier leben Papageientaucher, Möwen, Trottellummen
und viele andere Seevögel.
Von fern lugen voller Neugier Seehunde
und Kegelrobben herüber.
In der Nacht wird es kalt und die ersten
Schneeflocken fallen. Zum Schutz vor der
Kälte wächst Thore jetzt ein warmes, dichtes
Winterfell. In der Nacht rücken alle Pferde
zusammen und die Jüngsten in der Herde
bekommen den wärmsten Platz in der Mitte.
Es wird noch eisiger, denn der Winter in Island
ist sehr hart. Aber Thore und die anderen
Fohlen sind jetzt schon größer und wissen,
wie sie sich tagsüber warm halten können.

Vor allem junge Hengste wollen ihre Kräfte messen. Sie zwicken und beißen sich. Sie buckeln und steigen. Und sogar ihren Vater wollen manche übermütig herausfordern.

Erst in der Nacht suchen sie die windgeschützten Stellen auf: Hier an den Lavafelsen kuscheln sich die Kleinen und die Großen mit ihren Wuschelmähnen jede Nacht zusammen, bis der Winter überstanden ist.

Endlich ist Frühjahr und die Sonne scheint.

Den Winterpelz können sich Thore und die anderen jungen Pferde jetzt gegenseitig ausrupfen.

Auf den Weiden sprießt frisches Gras. Hungrig frisst sich Thore daran satt.

Doch wo ist seine Mutter Tinka? Gibt es etwa keine Milch mehr? Die Mutterstute Tinka ist längst wieder trächtig. Deshalb lässt sie Thore nicht mehr an ihrem Euter trinken. Anfang April sucht sich Tinka einen einsamen Platz. Und irgendwann in der Nacht ist es so weit: Mit leisem Schnauben begrüßt die Pferdemutter freudig ein neues kleines Islandpferd!

Geschichten für Kinder ab 5 Jahren

Rettung zu Pferde

**Eine Geschichte von Katrin M. Schwarz
mit Bildern von Milada Krautmann**

Jonas liebt Pferde! Fast jeden Nachmittag ist er
auf dem Reiterhof. Er mistet die Box seines Pflegeponys
Rocky aus und putzt sein Fell, bis es glänzt.
Dafür stupst Rocky ihn mit seiner weichen Nase an und hält ganz still, wenn
Jonas ihn zwischen den Ohren krault.
Die Jungs in der Schule lachen Jonas aus: »Du bist ja wie ein Mädchen«,
johlen sie. »Nur Mädchen mögen Pferde.«
Wenn sie in der Pause Fußball spielen, sitzt Jonas traurig am Rand und schaut
zu. Gern wäre er auch dabei, aber die Jungs grinsen höhnisch und spielen
sich nur untereinander den Ball zu.

In der nächsten Reitstunde hat Jonas
seinen Kummer vergessen.
»Weil ihr heute nur zu dritt seid, wollen
wir einen Ausritt in den Wald wagen«,
sagt die Reitlehrerin Doro.
Jonas freut sich riesig und macht Rocky für den
Ausritt fertig.
Doro reitet an der Spitze, gefolgt von Anna und Julia. Jonas folgt als Letzter.
Er liebt es, auf Rockys Rücken durch den stillen Wald zu reiten. Er lauscht
dem Vogelgezwitscher, dem dumpfen Klang der Hufe und dem zufriedenen
Schnauben der Ponys.
Doch plötzlich hört Jonas etwas anderes: »He, guckt mal, da reitet unser
Mädchen!« Jonas erschrickt. Die Jungs aus der Schule sind mit ihren
Mountainbikes im Wald unterwegs! Schon sieht Jonas den frechen Till mit
seinem Fahrrad auf Rocky zusausen.
Als Rocky den wild heranpreschenden Jungen sieht, bäumt er sich auf. Jonas
hält sich sicher im Sattel, aber Till erschrickt heftig.
Zu schnell reißt er das Rad herum. Er kommt ins Schlingern und stürzt.

Benommen bleibt er am Boden liegen, dann greift er nach seinem Bein.
Er sieht kreidebleich aus.

Doro springt von ihrem Pferd und beugt sich über den weinenden Till.
Dann sieht sie Jonas fest an: »Jonas, du bist mein bester Schüler. Bitte reite,
so schnell du kannst, zum Hof zurück und rufe einen Krankenwagen. Das
Bein sieht nicht gut aus.«

Jonas zögert einen kurzen Augenblick. Till retten, diesen Fiesling? Warum
sollte er das tun? Doch dann treibt er Rocky an und sprengt im Galopp
davon.

Schon nach kurzer Zeit ist der Notarzt an der Unglücksstelle. Till wird
mit dem Rettungswagen ins Krankenhaus gefahren.

Die anderen Jungs sehen sich betreten an. »Ziemlich cool hat Jonas auf
dem Pony ausgesehen«, flüstert Malte Lennard zu. »Wie ein richtiger
Indianer.«

Am nächsten Tag kommt Till mit Krücken in die Schule. Sein Bein steckt bis zum Knie in einer Plastikschiene. Mühsam geht er auf Jonas zu. »Danke für gestern«, sagt er geradeheraus. »Ich weiß, dass ich nicht besonders nett zu dir war – und du hast mir trotzdem sofort geholfen. Musst ein toller Kumpel sein ...«

»He, Jonas, wie sieht's aus mit einem Fußballspiel?«, fragt Lennard, als es zur Pause klingelt. »Was ist – hast du Lust? Wer so klasse reitet, kann bestimmt auch gut kicken.«

Voller Freude rennt Jonas mit auf den Bolzplatz. Heute sitzt Till am Rand und muss zuschauen. Doch als Jonas ein Tor schießt, wirft Till begeistert die Arme in die Luft.

Das besondere Fohlen

Eine Geschichte von Luise Holthausen
mit Bildern von Cathy Ionescu

April bekam ihren Namen, weil sie im April geboren wurde. Genau am Ersten des Monats kam sie zur Welt, mitten auf der Pferdekoppel des Gestüts. Die ganze Herde versammelte sich um sie und beäugte ihre ersten Versuche, sich auf die staksigen Beine zu stellen.

»Die ist aber hässlich«, wieherte die junge Stute Goldstern, die selbst ausgesprochen schön war mit ihrem goldbraun schimmernden Fell.

Die anderen Pferde nickten mit ihren großen Köpfen. Oh ja, April war kein schönes Fohlen. Sie war struppig, zottelig und ungelenk. Selbst der Züchter zog ein Gesicht, als er das neueste Mitglied seiner Herde sah, und murmelte bei sich: »Soll das ein Aprilscherz sein? So ein hässliches Pferd werde ich niemals verkaufen können.«

Die Wochen vergingen und die Fohlen wuchsen heran. Ständig maßen sie ihre Kräfte. Wer war am schnellsten? Wer sprang am weitesten? Sie tollten auf der Koppel herum und galoppierten mit wehenden Mähnen über die Weide.
Auch April war natürlich bei diesen Spielen dabei. Aber sosehr sie sich auch abmühte, sie konnte einfach nicht mithalten. Ihre Sprünge waren klägliche Hüpfer und bei den Rennen landete sie immer auf dem letzten Platz.
»April kann überhaupt nichts«, wieherte Goldstern, die selbst so schnell war wie der Wind.

So vergingen die Monate und es kam die Zeit, in der die Fohlen verkauft werden sollten.
»Ich komme bestimmt in einen Rennstall«, meinte ein junger Schimmelhengst, der die meisten Wettrennen unter den Fohlen gewonnen hatte.
»Ich werde zum Springer trainiert«, sagte eine kleine Fuchsstute.

»Ich werde als Zuchtstute hierbleiben«, wieherte Goldstern und reckte stolz den schönen Hals. »Ich werde viele Fohlen bekommen und eins wird schöner sein als das andere.«

So freute sich jeder auf die kommende Zeit. Nur April wurde von Tag zu Tag trauriger. Denn wer würde schon ein so hässliches Pferd wie sie, das nicht einmal etwas Besonderes konnte, haben wollen?

Eines Tages fuhr ein Auto vor und Leute stiegen aus. Die ersten Käufer waren gekommen. Es war die Familie mit dem Mädchen Jana, deren Fuß fehlgebildet war. Deshalb hinkte sie beim Laufen. Heute war Janas zehnter Geburtstag und die Eltern hatten ihr ein eigenes Pferd versprochen.

»Welches gefällt dir denn am besten?«, fragte der Vater. »Welches magst du haben?«

Jana stand lange am Zaun und schaute auf die Weide, wo die jungen Pferde wieder herumtollten und ihre Spiele spielten. Nur April stand abseits unter einem Baum.

»Das da«, sagte Jana und deutete auf April. »Das da mag ich haben.«

Die Pferde stoppten mitten in ihren Sprüngen und richteten ihre Ohren auf. Auch April konnte nicht glauben, was sie da eben gehört hatte.

Janas Mutter fragte: »Bist du dir wirklich sicher?«

Da antwortete Jana: »Mich hänselt doch auch jeder, nur weil ich hinke. Und dieses Pferd will sonst bestimmt niemand haben. Für mich ist es aber das schönste Pferd der Welt.«

Conni lernt reiten

Eine Geschichte von Liane Schneider mit Bildern von Eva Wenzel-Bürger

Heute ist Frühlingsfest. Es gibt viele bunte Stände, an denen man Dosen werfen und heiße Waffeln kaufen kann. Aber das Allerschönste ist das Ponyreiten! Ungeduldig wartet Conni in der Schlange, bis sie endlich auf einem schwarz-weißen Pony sitzt. Ganz groß fühlt sie sich da oben und winkt Papa glücklich zu. Reiten ist ein tolles Gefühl, so hopsig und schaukelig. Viel zu schnell sind die Runden vorbei und Papa hebt Conni hinunter. Am liebsten würde sie sich gleich wieder anstellen.

Zu Hause redet Conni nur noch davon, wie lieb das Pony war mit seinen dunklen Augen und dem weichen Fell. Sie möchte am liebsten sofort ein eigenes Pony haben. Conni klebt alle Pferdebilder, die sie finden kann, an ihre Wände. Immer wieder müssen Papa oder Mama Pferd spielen und Conni auf allen vieren durch die Wohnung tragen. Oder Conni hüpft als Pony über Hürden aus Polstern und Sofakissen. Und zum Geburtstag will sie ein eigenes Pferd haben.

Schließlich verspricht Mama, dass Conni reiten lernen darf. Conni meint zwar: »Reiten kann ich schon, ich brauch bloß ein Pferd«, aber sie freut sich, als Mama eine Reitschule gefunden hat. Eine Frau zeigt Conni und Mama die Reithalle, die Weiden und die Ställe. Hm, das riecht gut dort, nach Heu und Stroh und Pferden. Conni schnuppert so, dass die Ponys Bella und Flecki erstaunt zu ihr hinsehen.

Sie streichelt Flecki über die samtweichen Nüstern. Dem Pony scheint es zu gefallen. Es hält ganz still. Ferdinand scharrt mit den Hufen und Janka wiehert. Sie möchten, dass Conni sich auch um sie kümmert. Conni möchte aus dem Stall gar nicht mehr weg. Die Frau meint, dass Conni zum Reiten vor allem eine Reitkappe braucht. Conni wundert sich: Eine Mütze soll so wichtig sein? Die Frau zeigt ihr eine Reitkappe – sie ist hart wie ein Fahrradhelm und schützt den Kopf bei Stürzen.

Endlich ist es so weit: Connis erste Reitstunde. Den ganzen Vormittag hat sie sich schon darauf gefreut. Zuerst üben sie das Aufsteigen. Aber – Conni ist ganz enttäuscht – mit einem Holzpferd! Conni muss den linken Fuß in den Steigbügel stellen.

Dann stößt sie sich mit dem rechten Fuß ab und schwingt ihn über den

Pferderücken. Nun muss sie langsam
in den Sattel gleiten. Auch die Zügel
richtig zu halten, ist nicht einfach.
Sie sind gar nicht zum Festhalten da,
sondern nur zum Lenken. Conni ist
stolz, als sie fest und sicher im Sattel
sitzt. Ob sie es bei einem echten Pferd
auch so gut schaffen wird?
Doch dann geht es endlich in die Reithalle. Conni darf
auf der gutmütigen Flecki reiten, die sie schon bei ihrem ersten Besuch auf
dem Reiterhof kennengelernt hat. Das Aufsitzen klappt auch prima. Die
freundliche Reitlehrerin Silke gibt Anweisungen für das Reiten: »Gerade
halten! Beine locker! Kopf hoch! Hände ruhig! Nicht an den Zügeln
festhalten!« Conni hat viel zu tun, um all die Anweisungen zu befolgen
und im Sattel zu bleiben. Ihr Fuß rutscht aus dem Steigbügel und als sie
danach angelt, fällt sie beinahe herunter. Reiten ist doch nicht so einfach!
Aber mit jeder Reitstunde geht es besser. Conni kann sich jetzt kerzengerade im Sattel halten. Auch Flecki hat sich an ihre neue Reiterin gewöhnt.
Sie begrüßt Conni immer ganz erfreut, indem sie ihre Nase an deren Pullover
putzt. Conni lernt, wie man das Pony mit den Beinen vorwärts treibt, wie
man es zum Halten bringt und wie man mit den Beinen, dem Gewicht und
den Zügeln das Pony lenkt. Wenn Flecki alles richtig macht, klopft Conni
ihr lobend den Hals.

Oft bringt Conni »ihrem« Pony Mohr-
rüben oder Apfelstücke mit. Zuerst hat
Conni beim Füttern etwas Angst, aber
das Pony nimmt die Leckereien ganz
vorsichtig mit seinen weichen Lippen.
Wichtig ist nur, dass Conni ihre Hand
flach hält. Conni kommt jetzt früher zu

den Reitstunden, denn vor dem Reiten wird das Pferd geputzt.
Conni bürstet Fleckis Fell, die Mähne und den Schweif.
Silke zeigt, wie man mit dem Hufkratzer den Dreck aus den Hufen entfernt.
Das ist manchmal gar nicht leicht, denn das Pony hebt nicht immer freiwillig
das Bein hoch. Dann muss Conni ihm gut zureden. Conni lernt, das Pferd
zu satteln. Die Sättel und das Zaumzeug hängen in der Sattelkammer. Conni
schleppt Fleckis Sattel an und liegt mit einem Mal auf der Nase. Sie ist über
das herunterbaumelnde Zaumzeug gestolpert. Damit das nicht noch einmal
passiert, macht Silke vor, wie man den Sattel richtig trägt und auf den Pferderücken legt. Flecki kennt das schon. Sie macht sich ganz dick, als Conni den
Sattelgurt festschnallt.

Das ist ein alter Pferdetrick: Später sitzt der Sattel zu locker und
muss gleich wieder festgezogen werden. Aber dann stimmt
alles. Silke erklärt, wie man das Zaumzeug anlegt. Als
Flecki ihr Maul nicht aufmachen will, schiebt
Silke einfach ihren Daumen ins
Pferdemaul und drückt es auf.
Das hätte Conni sich nicht
getraut!

Conni ist nun in derselben Reitgruppe wie Lisa. Die reitet immer auf der braunen Janka. Heute schlägt Silke etwas Besonderes vor: Die Kinder sollen versuchen, beim Reiten ihre Fußspitzen mit der Hand zu berühren oder sich auf dem Pferd andersherum hinzusetzen. Conni ist ganz begeistert. Sie fühlt sich fast wie im Zirkus.

Conni und Lisa möchten nebeneinander reiten, aber Lisas Janka will Flecki immer beißen. Sie müssen etwas Abstand halten. Sie reiten Schlangenlinien, große Bogen und im Slalom um Hindernisse herum. Conni kann jetzt auch im Trab und im schnellen Galopp reiten, nur manchmal will Flecki einfach nicht so, wie Conni will. Aber das ist nicht schlimm. Flecki ist für Conni trotzdem eine tolle Freundin geworden.

Nach dem Reiten müssen die Pferde abgesattelt und gewaschen werden. Sie haben sich sehr angestrengt und tüchtig geschwitzt. Weil Mama danach immer noch nicht da ist, um Conni und Lisa abzuholen, helfen sie beim Ausmisten.

Mit der Mistgabel hebt Conni das alte
Stroh mit den Pferdeäpfeln in die
Schubkarre. Lisa leert die Schubkarre
beim Misthaufen. Conni fegt und breitet
frische Einstreu aus. Mama traut ihren Augen nicht, denn zu
Hause mag Conni nicht mal ihr Zimmer aufräumen.
Zum Abschluss vor den Ferien gibt es einen Ausritt in die freie Natur mit
Picknick am See. So hat Conni sich das Reiten vorgestellt: hoch auf dem
Pferd über die Wald- und Feldwege zu traben, frei und unbeschwert.
Der Ausritt macht Conni riesigen Spaß. Auch in den Ferien will sie reiten.
Sie nimmt sich sogar vor, das kleine Hufeisenabzeichen zu machen. Und
irgendwann wird sie sicher ein eigenes Pferd haben. Am liebsten ein so
hübsch geflecktes und gutmütiges wie Flecki. Conni spart schon jede Woche
ihr ganzes Taschengeld. Ob es bald reicht?

Die Zirkusprinzessin

Eine Geschichte von Luise Holthausen
mit Bildern von Cathy Ionescu

In der Manege trabt das schwarze Pferd Tino im Kreis herum. Mitten im Lauf springt Patrick ab, macht einen Salto und landet elegant auf beiden Füßen. Mit einem Lächeln verbeugt er sich vor den leeren Zuschauerrängen. Lilly klatscht in die Hände. Papa lobt ihn: »Das wird heute Abend bei der Vorstellung eine tolle Nummer.« Patrick strahlt und verbeugt sich gleich noch einmal.

»Ich will auch endlich mal auftreten«, bettelt Lilly.

»Du?«, fragt Patrick. »Was kannst du denn schon?«

»Eine ganze Menge!«, ruft Lilly wütend.

Papa streicht ihr übers Haar. »Nein, Lilly, du bist noch zu klein.«

Zu Patrick sagt er: »Mittagspause. Wir proben nachher weiter.«

Tino hört sofort auf zu traben, senkt den Kopf und knabbert am Sägemehl, das in der Manege liegt. Als hätte er verstanden, was Papa eben gesagt hat. Patrick fasst sein Halfter und drückt es Lilly in die Hand. »Bring ihn zurück in seine Box«, bestimmt er. Dann geht er mit Papa zum Wohnwagen.

Lilly schaut Patrick finster nach. Dauernd will er sie herumkommandieren. Und das nur, weil er schon mit den Eltern zusammen bei den Vorstellungen auftreten darf und sie noch nicht. Dabei möchte sie so gerne eine richtige Zirkusprinzessin sein! Lilly ist nämlich gar nicht mehr so klein. Gut, sie kann noch nicht lesen und schreiben, so wie Patrick, aber reiten, das kann sie schon ewig. Und darauf kommt es doch an, wenn man ein Zirkuskind ist und die Eltern bekannt sind für ihre tollen Pferdenummern.

Lilly zaust Tinos schwarze Mähne. »Ich kann auch schon ein Kunststück«, sagt sie zu ihm. »Stimmt's?« Tino schnaubt und nickt mit dem Kopf.

Vielleicht sollte sie es einfach mal ausprobieren? Jetzt, in diesem Augenblick, in dieser Manege, die so still und verlassen liegt, wie es sonst fast nie vorkommt beim Zirkus?

Wieder schnaubt Tino und nickt mit dem Kopf, als könne er Lillys Gedanken lesen. Sie lässt sein Halfter los. »Lauf«, flüstert sie. Und Tino beginnt zu traben, ganz langsam, rund und rund in der Manege herum.

Lilly läuft an. Wie gut, dass Tino nicht so ein großes Pferd ist! Sie rennt neben ihm her, springt dann mit beiden Beinen ab, greift gleichzeitig an den

Sattel und zieht sich auf seinen Rücken. Geschafft! In Gedanken hört sie den Applaus der Zuschauer.

Jetzt muss sie ihr Kunststück machen. Das hat sie schon oft geübt, heimlich, wenn Tino in der Box stand und keiner zugesehen hat. Ob sie es auch kann, während Tino durch die Manege trabt?

Los, feuert Lilly sich selbst an, ich bin eine Zirkusprinzessin, ich kann das! Sie hebt die Beine hoch und schwingt sich so herum, dass sie auf einmal rückwärts auf Tino sitzt.

Die Zuschauer in Lillys Kopf klatschen begeistert.

Und wieder zurück. Lilly hebt die Beine, nimmt Schwung und dann sitzt sie wieder richtig auf dem Pferd.

Die Zuschauer rasen vor Begeisterung.

Nun kommt noch der Schluss. Sie muss abspringen. Natürlich trabt Tino nur ganz langsam und natürlich will Lilly auch keinen Salto machen, so wie Patrick vorhin. Aber es ist trotzdem schwer genug.

Lilly atmet tief durch, dann springt sie. Der Manegenboden kommt in rasender Geschwindigkeit näher. Sie breitet die Arme aus und landet auf beiden Füßen.

Lilly ist selig. Mit strahlenden Augen verbeugt sie sich vor den leeren Zuschauerrängen.

Und dann klatscht jemand. Ganz laut und nicht nur in Lillys Kopf. Papa! Er hat am Eingang gestanden und unbemerkt zugeschaut. »Heute Abend darfst du mit uns auftreten«, verspricht er Lilly. »Heute Abend darfst du eine richtige Zirkusprinzessin sein.«

Der geheimnisvolle Dienstag

Eine Geschichte von Luise Holthausen
mit Bildern von Cathy Ionescu

»Gib den Ball ab!«

»Dribbel ihn aus!«

»Los jetzt, Torschuss!«

Mischa, Jan und Paul spielen Fußball auf dem Schulhof. Das machen sie in
jeder Pause. Jan schießt den Ball auf Mischa, der zwischen einem Turnbeutel
und einer Regenjacke den Torwart spielt. Mischa lenkt den Ball am Tor vorbei
und der fliegt genau auf Jessie und ihre Freundinnen zu.

»Hoffentlich darf ich heute auf Taifun reiten«, sagt Jessie gerade.

»Der ist das süßeste Pferd im ganzen Reitstall. Schon wenn ich ihm den Sattel
auflege ...« In diesem Moment prallt der Ball Jessie genau in den Rücken.

»Aua! Ihr seid ja solche Blödis!«, schreit Jessie los. »Und dreckig bin
ich jetzt auch.« Sie zupft an ihrem rosa T-Shirt, auf dem ein dicker
Schmutzfleck prangt.

»Tut mir leid«, murmelt Mischa. Seine Freunde lachen bloß.

»Typisch Mädchen«, sagt Paul. »Quatschen den ganzen Tag von ihren
blöden Pferden und kriegen einen Anfall, wenn ihre Klamotten auch
nur ein Stäubchen abkriegen.«

Es klingelt zum Unterricht. Die Pause ist vorbei. Jan sagt: »Wir spielen
heute Nachmittag weiter.«

»Heute Nachmittag kann ich nicht«, nuschelt Mischa.

»Wieso nicht?«, will Jan wissen.

Mischa murmelt irgendetwas, aber so leise, dass es keiner versteht.

»Was hast du denn vor?«, bohrt Jan noch einmal nach. Sie treffen sich doch immer nachmittags zum Fußballspielen! Aber Mischa antwortet nicht, sondern rennt los zum Klassenzimmer.

»Warte mal!«, ruft Jan und will ihm hinterher.

Paul hält ihn fest. »Hast du das noch nicht gemerkt? Heute ist Dienstag. Immer dienstags hat Mischa keine Zeit.«

Das ist Jan noch gar nicht aufgefallen. Aber es stimmt. Was mag das nur Geheimnisvolles sein, was er da vorhat? Das müssen sie unbedingt herausfinden.

Gleich nach dem Mittagessen treffen die Jungs sich mit ihren Rädern vor Mischas Haustür und schieben Wache. Um nicht aufzufallen, verstecken sie sich hinter ein paar Büschen. Sie müssen nicht lange warten, da kommt Mischa aus dem Haus, holt sein Fahrrad aus dem Schuppen und saust davon. Mit einigem Abstand folgen ihm die Freunde. An der nächsten Abzweigung biegt Mischa ab, dann noch einmal. Jetzt sind sie auf einer schmalen Seitenstraße, auf die sich kaum ein Auto verirrt.

»Der hat uns längst bemerkt und will uns veralbern«, vermutet Jan. Aber Paul ahnt etwas. »Hast du nicht das Schild vorhin gesehen? Da stand ›Reiterhof‹ drauf.«

»Du meinst, Mischa fährt dienstags immer zum Reiterhof?« Jan ist fassungslos. Sie, die besten Fußballcracks der ganzen Stadt, haben einen Freund, der reiten lernt! Einen Freund, der sich im selben Reitstall herumtreibt wie die zickige Jessie und ihre Freundinnen!

Am Reiterhof steigt Mischa vom Fahrrad und verschwindet im Stall. Jan und Paul kommen näher. Doch bevor sie wissen, was sie nun eigentlich machen sollen, sagt eine Stimme hinter ihnen: »Hey, das find ich ja super, dass ihr heute auch zum Reitunterricht kommt.«

Jan und Paul fahren herum. Da steht Jessie und hält ein hellbraunes Pferd am Zügel.

»Äh«, macht Jan.

»Am besten nehmt ihr Bastian und Apollo«, sagt Jessie. »Die sind noch frei und gut für Anfänger, weil sie wirklich lammfromm sind.«

»Aber wir wollten doch gar nicht ...«, fängt Paul an. In diesem Moment

komnt Mischa mit einem Apfelschimmel aus dem Stall. Ganz gekonnt
schwingt er sich in den Sattel. Als er seine Freunde neben Jessie stehen sieht,
fällt er beinahe wieder herunter. Er stottert:

»Was macht ihr denn hier?«

»Die beiden wollen
jetzt auch reiten
lernen«, erzählt Jessie
begeistert. »Ist das
nicht toll?«

»Echt?«, fragt Mischa
und lächelt erfreut.

»Aber wir haben doch
noch nie ...«, versucht es nun Jan.

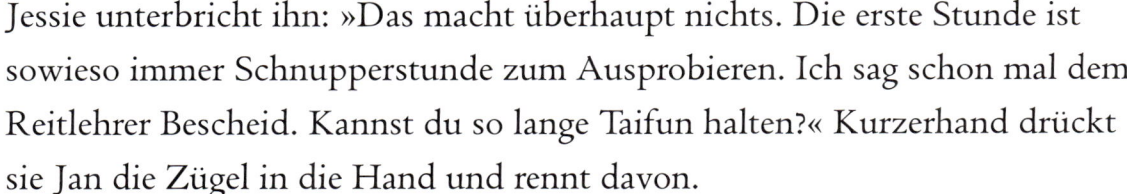

Jessie unterbricht ihn: »Das macht überhaupt nichts. Die erste Stunde ist
sowieso immer Schnupperstunde zum Ausprobieren. Ich sag schon mal dem
Reitlehrer Bescheid. Kannst du so lange Taifun halten?« Kurzerhand drückt
sie Jan die Zügel in die Hand und rennt davon.

Jan steht stocksteif. Ihm ist ganz komisch zumute. Und wenn sich das Pferd
nun losreißt? Doch Taifun steht ganz still. Vorsichtig streichelt Jan ihn an der
Stirn. Taifun steht immer noch still und guckt freundlich. Jan streichelt weiter.
Er klopft Taifuns Hals. Er zaust ihm die Mähne.

»Darf ich ihn auch mal halten?«, fragt Paul neben ihm.

Jan gibt nur unwillig die Zügel an ihn weiter. Aber da vorne kommt Jessie
schon wieder aus dem Stall mit dem Reitlehrer. Sicher wird er ihnen gleich
zeigen, wie man auf die Pferde aufsteigt.

Detektive im Stall

Eine Geschichte von Luise Holthausen
mit Bildern von Cathy Ionescu

Es wurde Abend auf dem Ponyhof. Lars und Dany hockten nebeneinander in der Box auf einem Strohballen. Neben ihnen knusperte ihr Lieblingspony Zottel an einer Rübe, die sie ihm mitgebracht hatten. Zottel fraß Rüben für sein Leben gern.

»Schade, dass der Urlaub von Lisa und Mark schon vorbei ist«, sagte Dany. Sie war traurig, dass die beiden heute abgefahren waren. Aber so war das nun mal, wenn die eigenen Eltern einen Ferienhof hatten: Kaum hatte man sich mit anderen Kindern angefreundet, mussten sie schon wieder nach Hause fahren. Ihr Bruder Lars sagte: »Aber dafür ist doch Tobias neu angekommen.«

Dany verdrehte die Augen. »Mit diesem Angeber will ich nichts zu tun haben!«

Wie aufs Stichwort knallte die Stalltür, dann stapfte ein blonder Junge herein. Als er die beiden Geschwister bei Zottel in der Box sah, blieb er stehen. »Habt ihr eigentlich nur diese Mini-Pferde hier?«, fragte er. »Ich reite sonst immer auf richtigen Pferden.«

»Dann solltest du nicht Urlaub auf einem Ponyhof machen, sondern auf einem Riesenpferdehof«, antwortete Dany gereizt.

»Du hast ja vielleicht 'ne miese Laune.« Tobias schüttelte den Kopf, drehte auf dem Absatz um und stapfte wieder aus dem Stall hinaus.

Auch die Geschwister machten sich daran, ins Haus zu gehen. Sie sagten Zottel Gute Nacht, schauten noch einmal nach, ob auch alle Ponys in ihren Boxen gut versorgt waren, und schoben dann sorgfältig den Riegel vor die Stalltür.

Am nächsten Morgen wurde Dany ziemlich früh von ihrem Bruder geweckt. »Zottel ist abgehauen!«, rief er. »Der Nachbar hat ihn gerade auf seinem Rübenfeld eingefangen und zurückgebracht.«

Wie sollte Zottel denn aus einem geschlossenen Stall abgehauen sein? Das ging doch gar nicht. Schlaftrunken schlüpfte Dany in ihre Klamotten und stolperte hinter Lars her zum Stall. Dort hatten sich schon fast alle Ferienkinder um den Vater geschart, der Zottel am Halfter hielt. Als er Dany und Lars sah, schimpfte er: »Was habt ihr euch nur dabei gedacht? Gerade ihr beiden müsst doch wissen, dass der Stall über Nacht nicht offen bleiben darf.«

»Wir haben gestern alle Riegel vorgeschoben«, verteidigte sich Dany.

»Ach ja?«, sagte der Vater ärgerlich. »Und warum waren dann heute Morgen die Box von Zottel und die Stalltür offen? Du und Lars, ihr wart die Letzten im Stall. Das hat Tobias mir eben erzählt.«

Dany warf Tobias einen wütenden Blick zu. Der schaute weg. Bestimmt grinste er jetzt.

»Der Nachbar hat sich ziemlich aufgeregt«, fuhr der Vater fort. »Zottel hat sein Feld ganz schön zertrampelt und auch noch eine Menge Rüben gefressen. Also, Lars und Dany, zur Strafe seid ihr heute dran mit Stallausmisten.«

Das war so ungerecht! Sie hatten doch gar nichts falsch gemacht, das wusste Dany genau. Vor Wut kamen ihr beinahe die Tränen.

Aber sie schluckte sie herunter. Vor diesem blöden Tobias wollte sie auf keinen Fall anfangen zu heulen.

»Das hat der absichtlich gemacht«, sagte sie zu Lars, während sie das alte Stroh aus Zottels Box kehrten. »Er wollte sich rächen, weil ich ihn gestern Abend angemeckert habe. Da hat er abgewartet, bis wir weg waren, und die Riegel wieder aufgemacht. Und jetzt schiebt er alles uns in die Schuhe.«

»Meinst du wirklich?« Lars kaute nachdenklich an seiner Unterlippe. »Dafür hast du aber keine Beweise.«

Dany war felsenfest davon überzeugt, dass Tobias der Übeltäter war. »Bestimmt macht er uns noch mehr Ärger! Aber weißt du was? Wir legen uns einfach im Stall auf die Lauer und ertappen ihn auf frischer Tat.«

Lars nickte begeistert. Ein Detektivspiel! Da war er sofort dabei.

Spät am Abend, als die Eltern dachten, sie lägen schon längst im Bett, schlichen sich Dany und Lars heimlich aus dem Haus. Es war dunkel, nur der Mond schimmerte silbern am Himmel. Dany hatte Herzklopfen. Um diese Zeit war sie noch nie im Stall gewesen.

»Wir verstecken uns in der Sattelkammer«, flüsterte Lars. Dany nickte. Ein paar Ponys schauten neugierig aus ihren Boxen, als die Kinder in den Stall hineinschlüpften. Dany kauerte sich neben Lars auf den Boden der Sattelkammer.

Mit angehaltenem Atem lauschte sie. Aber sie hörte nur die üblichen Stallgeräusche: hier und da ein Schnauben, ein Knuspern oder ein Pony, das sich in seiner Box bewegte. Sonst blieb alles ruhig.

Doch was war das? Klang das nicht wie Hufgeklapper? Oder bildete sie sich das nur ein?

»Horch!«, flüsterte sie. Lars neben ihr richtete sich kerzengerade auf. Er hörte es also auch – eines der Ponys trottete durch den Stall.

Das Hufgeklapper wurde lauter. Zottel kam an ihnen vorbei. Er schob den Kopf über die Öffnung der Stalltür, packte den Riegel mit den Zähnen und schob ihn auf. Im nächsten Moment trabte er fröhlich durch die Nacht Richtung Rübenfeld.

»Das gibt's nicht«, staunte Lars. »Zottel hat selbst seine Box und den Stall aufgemacht!«

»Kluger Zottel!« Dany musste lachen. Schnell sausten sie dem Pony hinterher, um es wieder einzufangen.

Zottel war gar nicht erfreut, dass seine Freiheit so rasch endete. Aber mit Hilfe einiger Rüben ließ er sich schließlich doch zum Stall zurücklocken. Die Kinder brachten ihn in seine Box, schoben den Riegel vor und sicherten ihn zusätzlich mit einer dicken Kordel. Zottel schob den Kopf über die Tür und schaute interessiert zu.

»Ja, Zottel«, sagte Lars und klopfte ihm den Hals, »morgen macht Papa hier ein richtiges Schloss dran. Und dann kommst du nicht mehr auf Nachbars Rübenfeld.«

»Aber dafür bringen wir dir auch bestimmt jeden Tag Rüben mit«, versprach Dany.

»Jedenfalls hatte Tobias mit der ganzen Sache nichts zu tun«, sagte Lars zu ihr. »Überhaupt, vielleicht ist er ja gar nicht so blöd, wie du denkst.«

Das konnte stimmen. Tobias verdiente wirklich eine zweite Chance. Dany gähnte. Aber erst morgen. Morgen war auch noch ein Tag. Jetzt musste sie erst einmal schlafen.

Jana geht reiten

Eine Geschichte von Susa Hämmerle mit Bildern von Kyrima Trapp

Uii, ist Jana aufgeregt!

Heute hat sie nämlich Geburtstag. Und gleich wird sie wissen, ob ihr sehnlichster Wunsch in Erfüllung geht: dass sie endlich reiten darf! In einem Reitstall. Und am liebsten auf einem großen, schwarzen Pferd.

»... Bösedee tu yu, Mamalade im Schuh ...«, grölt ihr kleiner Bruder Flo.

Jana lässt sich von Papa und Mama gratulieren. Bei der Sache ist sie aber nicht. Sie schielt auf die Geschenke. Ist da von der Verpackung her irgendetwas »Pferdiges« dabei? Hastig packt Jana aus. Ein Buch. Ein T-Shirt. Aber nichts von einem Pferd. Gerade als Jana vor Enttäuschung einen engen Hals bekommt, sieht sie die Karotten. Karotten?

Pferde! Pferde fressen gerne Karotten! Papa nickt. Mama lächelt. Und jetzt entdeckt Jana auch das Kärtchen, das in der Karottentüte steckt. Es ist – liest Papa vor – ein Gutschein für zehn Reitstunden. »Juhui! Hühott! Yippidu!«, jubelt Jana.

Schon wenige Tage später darf Jana ihre erste Reitstunde nehmen. Der Reitstall liegt auf einem Hügel. Rundherum sind eingezäunte Wiesen, auf denen Pferde weiden. In einem Viereck findet gerade Reitunterricht statt. Ein Mädchen trabt auf einem Pony – stocksteif, als hätte es einen Besen verschluckt. Jana muss lachen. Gleich wird sie selber traben und galoppieren – aber auf einem großen, richtigen Pferd.

Sie kann noch immer nicht glauben, dass sie jetzt reiten darf. Doch es ist kein Traum. Da steht sie mit Mama und Flo vor dem Reitstall, hat Leggins und Stiefel an. Und den neuen Reithelm, der wie angegossen passt.

Das Einzige, was nicht passt, das ist Flo.

»Hör endlich auf, von den Karotten zu stibitzen!«, faucht Jana ihn an. »Die sind für mein Pferd.«

Zum Glück für Flo kommt da die Reitlehrerin. Sie stellt sich als Luiza vor und führt sie in den Stall. Wie gut es hier riecht! Nach Heu und nach Wärme, nach Staub und Geschnaube und …

»Ihh, hier stinkt's nach Pferdemist«, mault Flo.

Jana beachtet ihn nicht mehr. Mit klopfendem Herzen geht sie an den Boxen entlang.

Luiza erklärt: »Das ist Nick. Er ist ein Rappe. Die sind immer rabenschwarz. Und das ist Orlando, ein Fuchs – ist irgendwas mit dir?«

Jana antwortet nicht. Sie schielt auf Nicks riesige Zähne, die er von sehr weit oben bleckt.

»Gib her!«, hört sie da plötzlich Flo.

Luiza eilt Flo zu Hilfe. »Darf ich vorstellen?«, lacht sie dann. »Das ist Mollie, das gefräßigste Pony der Welt. Aber ansonsten lammfromm. Jana wird auf Mollie reiten lernen.«

Peng! Der Traum vom großen, schwarzen Pferd zerplatzt. Jana schluckt. Doch dann schielt sie noch einmal hinauf zu Nicks Zähnen. Und geht fast erleichtert zu Mollie hin. Neugierig folgt Jana der Reitlehrerin in die Box.

»So ein lustig verzottelter Schwanz«, sagt Mama und macht zwei Schritte auf Mollies Hinterteil zu.

Doch Jana warnt: »Mama, das weiß doch jedes Kind, dass man sich einem Pferd nicht von hinten nähern darf. Es könnte ausschlagen. Schau, so macht man das!« Dann geht Mollie zu und spricht mit Jana langsam seitlich auf ihr: »Hallo Mollie, ich bin Jana und werde auf dir reiten.«

»Was du nicht schon alles weißt!«, lobt Luiza. »Magst du mir auch beim Satteln und Aufzäumen helfen?«

Stolz holt Jana die Satteldecke. Luiza legt sie Mollie auf den Rücken. Darüber kommt der Sattel mit den Steigbügeln. Luiza zieht den Sattelgurt rund um Mollies Bauch fest zu.

»So«, sagt sie, »und jetzt das Zaumzeug mit den Zügeln.«

Mama hilft Flo inzwischen auf das hölzerne Pferd. Luiza drückt Jana einen Führstrick in die Hand. Und ruck, zuck, mit geübtem Griff zieht sie Mollie das Zaumzeug über.

»So«, sagt Luiza. »Jetzt darfst du Mollie zu dem kleinen Viereck führen. Nimm den Strick locker in die Hand und geh einfach neben ihr her, in sicherem Hinterhuf-Abstand.«

Es klappt wunderbar. Mama und Flo trotten hinter Mollie her.

Als sie im Viereck sind, kommt der große Moment: Luiza macht Jana die Räuberleiter, um ihr beim Aufsteigen zu helfen. Ganz auf Anhieb klappt es nicht. Doch Luiza erklärt, wie man den Fuß in den Steigbügel stellen muss – und dann mit Schwung das zweite Bein über den Pferderücken! Ein bisschen hilft Luiza nach und dann sitzt Jana im Sattel wie eine richtige Reiterin.

Luiza enthakt den Führstrick und befestigt eine lange Leine am Halfter. »Das ist die Longe«, erklärt sie. »Ich lasse Mollie daran im Kreis gehen. Du kannst dich so an ihre Bewegungen gewöhnen.«

Jana fühlt sich wie auf einem schwankenden Schiff. Bald aber wird sie sicherer. Sie traut sich sogar, ein paar Kunststücke auf Mollie zu machen, so wie Luiza es ihr sagt: sich mit nur einer Hand festhalten, sich mit keiner Hand festhalten, mit dem Arm ein Windrad machen, zu Mollies Ohrenspitzen greifen.

»Toll«, lobt Luiza. »Du hast Talent zum Voltigieren. So nennt man das Turnen auf dem Pferd. Schau, so wie Fiona das macht.« Luiza zeigt zum Viereck nebenan. Dort kniet ein Mädchen auf einem weißen Pferd und hält dabei ein Bein und einen Arm weit in die Luft gestreckt. »Diese Übung nennt man Fahne«, sagt Luiza. »Und jetzt macht Fiona die Mühle.«

Jana ist begeistert. Immer wieder schaut sie zu Fiona hinüber, die jetzt sogar auf dem Pferderücken steht.

Doch in diesem Augenblick ruckt Mollie mit dem Kopf nach vorn. Es hebt Jana aus dem Sattel. Sie rutscht, erwischt die Mähne und sitzt plötzlich vorn auf Mollies Hals.

Mama ist so erschrocken, dass sie einen Schrei ausstößt.

Luiza aber bleibt gelassen. »So geht der Abstieg aber nicht«, meint sie und hilft Jana sanft herunter.

Mit wackeligen Knien steht Jana da. Ach so! Es war – natürlich – eine Karotte. Von Flo vor Mollies Hufe geschubst. »Du hast mich aber ganz schön erschreckt, Mollie«, lacht Jana. Und auch das Pony scheint das Ganze sehr lustig zu finden.

Luiza erklärt Flo, dass man ein Pferd nie während der Stunde füttern darf. Am besten erst danach, während es gestriegelt und geputzt wird. Darauf hat sich Jana am meisten gefreut. Als sie zurück im Stall sind, erklärt ihr Luiza das Putzwerkzeug. Dann darf Jana Mollie striegeln, die Mähne kämmen und die Hufe auskratzen. Mollie frisst währenddessen die letzten Karotten.

»Na, du Gierschlund«, lacht Jana. »Du hast die ganze Tüte leer genascht!« Sie tätschelt dem Pony den Hals. »Aber nächste Woche komme ich wieder. Und dann bringe ich dir Äpfel mit.«

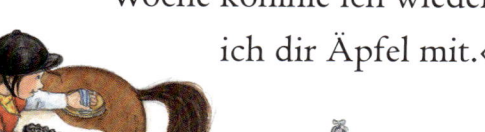

Die ungewöhnliche Fahrt zum Sonnenhof

**Eine Geschichte von Luise Holthausen
mit Bildern von Cathy Ionescu**

Es sind Ferien und Laura und ihre Eltern fahren zum Sonnenhof. Das ist ein Bauernhof, auf dem es Pferde und Ponys gibt und auf dem die Ferienkinder sogar im Stall helfen dürfen. Darauf freut sich Laura. Pferde sind ihre Lieblingstiere und sie hat auch schon ganz viele Pferdebücher.

Als sie losfahren, ist der Himmel strahlend blau. »Na wunderbar«, sagt Papa. »Wenn man schon auf einen Sonnenhof fährt, dann kann man ja wohl auch erwarten, dass die Sonne scheint, oder?«

Aber sie sind kaum eine halbe Stunde unterwegs, da ziehen sich dunkle Wolken zusammen.

Es wird immer düsterer, fast so, als wäre schon Abend. Dann fängt es auch noch an zu regnen.

Sie fahren und fahren. Laura gähnt. »Wann sind wir endlich da?«, will sie wissen.

Mama studiert die Straßenkarte. »Ich glaube, wir hätten vorhin links abbiegen müssen.«

»Dann biege ich eben jetzt links ab.« Papa setzt den Blinker und fährt von der Landstraße ab in einen Seitenweg. Nach ein paar Metern wird er ganz holprig – ein Feldweg.

»Das stimmt nicht. Wir sind falsch.« Mama schaut immer noch auf die Straßenkarte.

»Ach was«, sagt Papa. »Das ist eine Abkürzung.« Er fährt weiter.

Laura gähnt wieder. Abkürzung ist gut, denkt sie. Bei einer Abkürzung sind sie schneller da. Die Straße wird immer schmaler. Der Regen wird immer heftiger. Papa blinzelt. Er fährt um eine Kurve und tritt heftig auf die Bremse. Es quietscht.

Vor ihnen, mitten auf dem Weg, im strömenden Regen, steht ein großes braunes Pferd und schaut sie an.

»Was ist das denn?«, ruft Mama.

»Ein Pferd«, erklärt Laura hilfsbereit.

»Das sehe ich auch«, knurrt Papa und hupt.

Das Pferd rührt sich nicht vom Fleck.

»Wenn du ganz langsam weiterfährst«, sagt Mama, »dann geht es bestimmt weg.« Papa tritt vorsichtig aufs Gas und kriecht im Schneckentempo vorwärts. Das Pferd schnaubt, dann senkt es den Kopf und beginnt das Gras am Wegesrand zu fressen. Zehn Zentimeter vor dem Pferd bleibt Papa stehen. »Ich kann diesen Gaul doch nicht einfach umfahren!«

Nein, das kann er natürlich nicht. Aber wie sollen sie nun zum Bauernhof kommen?

»Wir wenden und fahren zurück«, schlägt Mama vor. Aber Papa schüttelt den Kopf. Zum Wenden ist der Weg zu schmal. Er steigt aus, stellt sich in den strömenden Regen und schwenkt die Arme.

»Husch!«, ruft er. »Platz da!«

Das Pferd grast ungerührt weiter.

Papa steigt wieder ein. Seine Haare tropfen. »Ich glaube, das wird heute nichts mehr mit dem Sonnenhof«, sagt er. »Wir müssen hier übernachten.«

»Unsinn!«, widerspricht Mama. »Wir locken das Pferd einfach auf die Seite.«

»Versuch es doch«, sagt Papa. »Jetzt bist du mal dran, nass zu werden.« Er verschränkt die Arme vor der Brust und macht ein Gesicht, das so dunkel ist wie die Wolken am Himmel. Mama kramt in ihrer Einkaufstasche, in die sie Proviant für die Fahrt eingepackt hat. »Ich hab Äpfel dabei. Damit kann ich es vom Weg weglocken. Pferde lieben Äpfel.«

»Dieses Pferd frisst bestimmt keine Äpfel«, mault Papa.

»Wollen wir wetten?« Schon ist Mama ausgestiegen und geht im Regen auf das grasende Pferd zu. Es hebt den Kopf, als Mama ihm den ersten Apfel zeigt, und richtet aufmerksam die Ohren auf. Im nächsten Moment hat es, schwupp, den Apfel aus Mamas Hand stibitzt und zermalmt ihn genüsslich mit seinen großen Zähnen. Überrascht tritt Mama einen Schritt zurück. »Du magst Äpfel, was? Das hab ich mir doch gedacht. Komm, sei ein liebes Pferdchen, geh zur Seite, dann bekommst du noch mehr Äpfel.« Sie öffnet ihre Einkaufstasche. Das Pferd wiehert begeistert, dann versenkt es den Kopf in der Tasche. Eine Weile hört man nur das Rauschen des Regens und das Knuspern des Pferdes. Nur bewegen tut es sich nicht.

Als Mama wieder ins Auto steigt, tropfen nicht nur ihre Haare, sondern auch ihre Jacke. »Ich hab die Wette gewonnen«, erklärt sie. »Dieses Pferd frisst wirklich Äpfel.«

Papa schaut das Pferd an, das ihnen nun grasend das Hinterteil zuwendet, und sagt nichts.

»Jetzt bin ich dran«, meldet sich Laura vom Rücksitz. Papa schnauft nur. Mama macht ein besorgtes Gesicht. Aber Laura klettert aus dem Auto und geht vorsichtig um das Pferd herum.

Ein Pferd darf man nicht einfach so von hinten ansprechen oder anfassen, sonst erschreckt es sich. Das weiß sie aus ihren Büchern. »Hallo, Pferd«, sagt sie.

Das Pferd hört auf zu grasen und schaut sie freundlich an. Laura streckt die Hand aus. Das Pferd bläst mit seinen Nüstern auf ihre Finger. Es fühlt sich an wie ein warmer Hauch.

»Willst du mit mir zum Sonnenhof gehen?«, fragt Laura. »Dort bist du doch bestimmt zu Hause.« Sie dreht sich um und geht den schmalen Weg weiter. Hinter sich hört sie die Tritte von Hufen auf der Erde. Das Pferd folgt ihr. An der nächsten Biegung wird der Blick frei auf Stallungen und Gebäude. Laura geht auf den Sonnenhof zu. Sie fühlt sich wie eine Zauberin. Es ist, als würde sie schweben, und das Pferd geht, wie von magischen Kräften gezogen, hinter ihr. Und als sie die ersten Stallungen erreichen, merkt sie, dass es sogar aufgehört hat zu regnen und die Sonne durch die Wolken blinzelt.

Unterwegs mit den Ponys

**Eine Geschichte von Petra Wiese
mit Bildern von Anne Ebert**

Heute ist ein wunderschöner Sommertag. Auf der Koppel stehen drei
Pferde: das gescheckte Shetlandpony Bini, das Welsh-Pony Kara und die
Hannoveraner Stute Mascha. Kara und Bini sind dicke Freunde. Sie
beknabbern sich gegenseitig. Das machen sie nicht nur, weil sie sich so
gerne mögen, sondern auch, weil sie sich so putzen.
Maschas Fell glänzt rotbraun. In der warmen Sonne döst sie ein bisschen vor
sich hin. Sie hält ihren Kopf gesenkt, der Hals ist leicht vorgestreckt. Ihre
Ohren hängen locker zur Seite und ihre Augen sind fast geschlossen.
Mascha streckt ihren Hals aus und hebt den Kopf. Die Ohren haben sich
aufgestellt. Sie horcht und schaut interessiert in Richtung
Feldweg. An der Koppel hält ein Auto. Zwei
Mädchen steigen aus. Mascha erkennt Annika
und ihre kleine Schwester Lena.
Die beiden kommen fast jeden Tag auf die
Koppel. Letzten Samstag hat Lena ihr
Reitabzeichen gemacht und heute
hat sie ihren ersten Waldritt
vor sich.

Die Pferde schnauben, denn sie freuen sich über den Besuch. Zur Begrüßung bekommen sie erst einmal Möhren und Äpfel.

Mama krault Mascha die Mähne. »Du musst heute leider auf der Koppel bleiben, Mascha.« Zum Trost bekommt die Stute noch einen Apfel.

Annika streift inzwischen Kara das Halfter über und hilft Lena mit Bini. Bini möchte lieber spielen. Immer wieder schüttelt sie ihren dicken Ponykopf, sodass die Mädchen gemeinsam das Halfter anlegen müssen.

»Brav, Bini!«, sagt Lena, als sie ihr Pony endlich an den Holzpfosten angeleint hat.

Annika schaut sich suchend um. »Wo ist denn Karas Putzkiste?«

»Die steht hinter dir!«, ruft Mama lachend.

»Gut, dass wenigstens die Pferde große und gute Augen haben«, kichert Lena.

»Bis später, ihr beiden. Um sechs hole ich euch ab. Viel Spaß!« Winkend setzt sich Mama ins Auto und fährt langsam den Feldweg zurück.

Vor dem Ausritt müssen die Pferde gründlich geputzt werden. Besonders dort, wo der Sattel aufs Fell gelegt wird, darf kein Krümelchen Schmutz sein: Die Druckstellen würden den Pferden sehr wehtun.

Aus Versehen kippt Annika mit dem Fuß die Putzkiste um: Striegel, Kardätsche, Schwamm und Hufkratzer fallen heraus. Bini wiehert.

»Du musst gar nicht lachen«, grinst Annika und bückt sich, um den Striegel aufzuheben.

Zuerst striegeln Annika und Lena die Ponys. Danach bürsten sie mit der

Kardätsche sorgfältig das Fell. Zum Schluss wird noch die Mähne gekämmt. Offensichtlich genießen die Pferde das, denn selbst Bini steht auf einmal ganz still.

Lena holt die Wasserflasche und benetzt zwei kleine Schwämme, Mit ihnen wischen die Mädchen vorsichtig den Staub aus den Augen- und Nüsternwinkeln der Ponys.

»So, jetzt noch die Hufe«, sagt Annika und holt zwei Hufkratzer. Obwohl Bini ein sehr freundliches Pony ist, steht Lena während der Hufreinigung neben ihm, nicht hinter ihm, denn Bini könnte erschrecken und ausschlagen.

»Fertig!«, ruft Lena und klopft Bini auf den dicken Ponypopo.

»Puh, ist der wieder schwer«, sagt Lena und zerrt Karas Sattel herbei, den Mama vorhin über den Zaun gehängt hat. Annika legt die Satteldecke glatt und ordentlich über Karas Widerrist. Sie schiebt die Steigbügel hoch und schlägt den Gurt über die Sitzfläche. Dann legt sie den Sattel auf Karas Rücken. Vorsichtig lässt sie nun den Gurt heruntergleiten. Sie fasst unter Karas Bauch nach der Gürtelschnalle und befestigt sie am Sattel. Dabei achtet sie darauf, dass zwischen Gurt und Bauch zwei Finger passen.

»Jetzt ist Bini an der Reihe«, sagt Annika und reicht Lena die Satteldecke.

Auch Lena streicht die Satteldecke schön glatt.
»Das Auftrensen schaffe ich aber alleine«,
sagt Lena. Sie streift Bini geschickt
das Stallhalfter ab und hebt
das Zaumzeug über die
Nüstern. Als das
Mundstück Binis
Maul berührt, schiebt
Lena den linken Daumen
in ihre Maulspalte und lässt das Gebiss in ihr Maul gleiten. Dann hebt sie das
Kopfstück über die Ohren.

»Du bist eine ganz Brave«, flüstert Lena Bini leise ins Ohr. Bini guckt sie mit
großen Augen an und beschnuppert sie zufrieden. Lena verschließt noch
Nasen- und Kehlriemen und prüft, ob beides fest sitzt.

»Alles wunderbar«, sagt sie zufrieden.

Die Mädchen setzen ihre Reitkappen auf und sitzen auf. Bevor sie in
Richtung Wald reiten, drehen sie sich noch einmal um.

»Tschüs, Mascha! Bis später!«, ruft Lena. Mascha wiehert. Lena reitet für
ihr Leben gern. Sie sitzt gerade im Sattel und schaut zwischen Binis Ohren
hindurch. Sobald Lena auf einem Ponyrücken sitzt, kitzelt es in ihrem Bauch
vor Vergnügen. Mittlerweile hat sie auch ein gutes Gefühl für das Reiten und
weiß, wie sie mit Hilfe ihrer Beine und der Zügel das Pony lenken kann. Sie
legt die Schenkel an Binis Bauch und übt ein bisschen Druck aus. Die Zügel
lässt sie etwas nach – und schon setzt sich Bini in Bewegung.

Annika reitet mit Kara im Schritt voran. Die Mädchen lassen ungefähr eine
Pferdelänge Abstand zwischen den beiden Ponys.

»Wir reiten ein Stück am Waldrand entlang, beim Hochsitz biegen wir dann in den Wald ein«, sagt Annika.

Lena freut sich, denn das bedeutet, dass sie mit Bini den kleinen Bach überqueren darf.

Ein Stückchen weiter zieht Annika die Zügel an und Kara beginnt zu traben. Sofort folgt Bini ihrer Freundin im Trab. Bald sieht Lena die kleine Bohlenbrücke, die über den Bach führt. Annika reitet mit Kara zuerst darüber. Klock! Klock! Klock! Klock! Die Hufe hallen über die Holzbohlen. Aber Kara erschrickt überhaupt nicht. Seelenruhig überquert sie die Brücke.

Bini ist noch nie hier gewesen. Lena ist deshalb etwas nervös. Das Pony spürt das wohl, denn es tänzelt ein bisschen und steigt dann sogar.

»Bini, das schaffen wir ganz locker«, sagt Lena beruhigend. Sie hält die Zügel ganz ruhig, ohne daran zu zerren. Bini zögert etwas, aber dann geht sie ohne Schwierigkeiten über die Brücke. Sie sieht nur ein bisschen erstaunt aus, dass ihre Hufe so einen Krach machen.

An der Eibe bleibt Kara plötzlich stehen und will daran knabbern. Sanft bewegt Annika ihr Pony wieder auf den Feldweg. Die Mädchen passen auf, dass die Pferde während des Ausreitens nichts fressen. Die Ponys können giftige Gewächse nicht von ungiftigen unterscheiden.

Etwas später reiten Annika und Lena auf dem Weg durch die Felder zurück zur Weide.

»Wie wär's mit einem kleinen Galoppritt?«, ruft Annika. Schon nimmt sie den Zügel an.

Lena nickt. Galopp ist viel bequemer als Trab. Bini läuft schneller, aber ruhiger im Galopp. Die dicke Ponymähne schwingt auf und ab. Der warme Wind weht in Lenas Gesicht. Es fühlt sich herrlich an, so geradeaus zu galoppieren.

»So ein Ausritt ist immer viel zu schnell vorbei«, seufzt Lena, als die Mädchen wieder bei der Koppel ankommen. Mascha steht bereits am Zaun und wiehert zur Begrüßung.

Nach dem Absatteln werden die Ponys erneut gründlich geputzt.

Bini knabbert vorsichtig an Lena herum. Sie mag sie offenbar genauso gerne wie ihre Freundin Kara.

Nach dem Putzen und einer ausgiebigen Fellmassage traben die Pferde sofort zur Tränke.

»Ich hab auch Durst«, sagt Lena und holt die Wasserflasche. »Gut, dass ich keine siebzig Liter am Tag trinken muss!«

Bini und Kara rupfen gemächlich das Gras. So ein Ausritt macht auch Pferde hungrig. Wenn die Ponys länger geritten werden, bekommen sie von Annika und Lena noch eine Extraportion Hafer.

»Da ist Mama ja schon wieder! Ist es denn schon so spät?«, fragt Lena. Annika räumt mit Mama den Putzkasten und die Sättel ins Auto. Anschließend verabschieden sich die Mädchen von den Pferden. Bini, Kara und Mascha werden ausgiebig gestreichelt und bekommen noch ein Leckerli.

»Tschüs«, flüstert Lena ihrem Pferd ins Ohr und reibt ihm den Hals. »Bis übermorgen!« Sie gibt Bini die Rote Beete, die Mama mitgebracht hat. Die mag das Pony besonders gerne. Zufrieden kauend schaut es Lena hinterher. Die winkt noch einmal und steigt dann ins Auto.

Die Pferde stecken die Köpfe zusammen, als ob sie sich erzählen wollten, was an diesem Nachmittag passiert ist.

95

Das Indianer-Wochenende

**Eine Geschichte von Katrin M. Schwarz
mit Bildern von Kerstin M. Schuld**

Mona und Tine sind sofort Feuer und Flamme, als sie das Plakat am Ponyhof entdecken: ein Indianer-Wochenende mit Ponys und Zelten!

»Toll«, ruft Mona, »zwei Tage lang reiten!«

Die Eltern haben nichts dagegen. »Passt nur auf, dass in der Nacht keine Pferdediebe kommen«, lacht Monas Papa.

Bald schon ist es so weit. Acht Mädchen haben sich bei der netten Reitlehrerin Kati angemeldet. Proviant und Zelte sind gepackt. Vor dem Aufbruch putzt Mona ihren Sturmy besonders gründlich.

»Du sollst das schönste Pony in der weiten Prärie sein«, flüstert sie ihm ins Ohr.

Die Prärie ist auch gar nicht weit. Nach einem Ritt durch den Wald lassen die Mädchen die Ponys am Teich trinken. Wenig später erreichen sie eine große Koppel.

»So, ihr abenteuerlustigen Indianerinnen, jetzt heißt es erst einmal Zelte aufbauen!«, ruft Kati und klatscht in die Hände.

Mona ist glücklich. Die Koppel mit ihrem Holzzaun sieht nach einem sicheren Ort zum Übernachten aus.

Die Zelte sind leicht aufzubauen. Immer zwei Mädchen teilen sich eins. Mona und Tine sehen sich zufrieden an. Ihr Indianer-Schlafzimmer sieht sehr gemütlich aus.

Doch zum Schlafengehen ist es noch viel zu früh.

Jetzt zeigt ihnen Kati erst einmal, wie man als Indianer ohne Sattel reitet.

Später hat Kati noch eine weitere Herausforderung für die Mädchen: Sprungübungen! Eine niedrige Hecke dient als Hindernis. Mutig treiben die Mädchen ihre Pferde darauf zu. Mona beugt sich vor und klopft ihrem Pony den Hals: »Wir schaffen das!« Und wie sie es schaffen!

Sturmy nimmt Anlauf und setzt gekonnt über die Büsche hinweg. »Super, Sturmy!«, jubelt Mona.

Als die Ponys müde sind, gehen die Mädchen Holz sammeln. Bald prasselt das Lagerfeuer auf der Wiese.

Die Indianerinnen genießen Kartoffeln und Stockbrot und Kati erzählt die Geschichte von Büffelherz und seinem treuen Pony Feuerhuf.

Das Lagerfeuer ist fast heruntergebrannt und Mona spürt die Kühle der Nacht. Kati löscht die letzte Glut.

»Ab in die Schlafsäcke«, befiehlt sie.

Das lassen sich die Mädchen nicht zweimal sagen. In ihrem Zelt kuscheln sich Mona und Tine aneinander und lauschen dem Schnauben der Ponys.

Früh am Morgen wird Mona vom Vogelgezwitscher geweckt. Schnell kriecht sie aus dem Zelt, um Sturmy zu begrüßen.

Doch er ist nirgends zu sehen. Bobby, Flicka und die anderen Ponys schauen Mona erwartungsvoll an. Aber wo ist Sturmy?

Auch Kati ist schon auf den Beinen. Gemeinsam suchen die beiden die ganze Koppel ab. Kein Sturmy. Stattdessen entdecken sie eine kaputte Stelle im Holzzaun.

»Hier könnte Sturmy hinübergesprungen sein«, meint Kati.

Schnell werden die anderen Mädchen geweckt.

»Wir verteilen uns und suchen Sturmy im Gelände«, ordnet Kati an. »Tine und Mona, ihr reitet auf Bobby zum Hof zurück. Vielleicht ist er ja nach Hause gelaufen.«

Zu zweit auf einem Pony! Das hat Mona ja noch nie gemacht. Es könnte so schön sein, wenn nur die Sorge um Sturmy nicht wäre.

Während des ganzen Ritts hält Mona die Daumen gedrückt. »Bitte lass Sturmy beim Stall sein«, flüstert sie.

Als sie in den Hof einbiegen, wiehert Bobby fröhlich auf. Hat er etwas gehört? Tatsächlich! Sturmy steht in der Stallgasse und zupft seelenruhig frisches Heu von der Schubkarre. Mit einem Satz springt Mona vom Pferd und läuft zu Sturmy.

»Du hattest also genug vom Indianerspielen!« Lachend schlingt Mona ihm
die Arme um den Hals: »Du bist ein toller Springer, aber ein Indianerpony
wirst du nie!«

Geschichten für Kinder ab 6 Jahren

Ein Pony im Garten

Eine Geschichte von Julia Boehme mit Bildern von Astrid Vohwinkel

Als Paula aufwacht, setzt sie sich gleich auf. WUMS knallt ihr Kopf gegen die Wand.

»Autsch!« Paula blinzelt nach oben. Seit wann hat ihr Zimmer schräge Wände?

»Seit gestern!«, fällt ihr mit einem Mal ein.

Gestern ist sie mit ihren Eltern umgezogen! Raus aus der Stadt, in ein Häuschen aufs Land. Ihre Eltern sind nämlich ganz wild aufs Landleben. Paula nicht. Aber sie wurde einfach überstimmt. Und jetzt hat Paula ein Zimmer mit Dachschrägen. Weit weg von allen ihren Freundinnen. Paula tapst zum Fenster. Sie sieht Wiesen, Weiden und Felder.

»Langweilig«, gähnt sie. Doch dann spitzt Paula die Ohren. War da nicht ein Wiehern? Da, schon wieder! Irgendwie klingt es, als ob ein Pferd direkt unter ihrem Fenster steht. Paula lehnt sich ganz weit hinaus und traut ihren Augen kaum: Da steht ein Pony! Mitten in ihrem Garten!

Blitzschnell rast Paula nach draußen. Ihr Herz pocht wie verrückt. Sie hat sich schon immer ein Pony gewünscht. Endlich haben Mama und Papa ihren Wunsch erfüllt!

»Hallo, Pony«, flötet sie und streichelt ihm über die Nase. Das Pony schnauft zufrieden.

Da kommen auch schon Mama und Papa nach draußen. Im Schlafanzug, wie Paula. Paula rennt ihnen entgegen.

»Danke!«, jubelt sie. »Ihr seid die tollsten Eltern der Welt!«

Doch die tollen Eltern haben Paula gar kein Pony geschenkt.

»Das ist nicht von uns«, sagt Papa.

»Nicht?«, fragt Paula enttäuscht.

Mama schüttelt den Kopf.

»Es ist bestimmt irgendwo ausgebüxt«, meint Mama.

Das glaubt Papa auch. »Es wollte nur mal kurz gucken, wer hier neu eingezogen ist«, lacht er.

»Bis wir uns angezogen und gefrühstückt haben, ist es sicher längst wieder zu Hause!«

»Hoffentlich nicht«, denkt Paula und beeilt sich beim Anziehen. Auch ihr Müsli schlingt sie hinunter.

Dann rennt sie in den Garten. Das Pony ist zum Glück noch da.

Paula hat Apfelstückchen mitgebracht. »Willst du nicht bei mir bleiben?«, fragt sie und füttert das Pony. Das Pony nickt mit seinem dicken Kopf.

»Das wäre so schön!«, murmelt Paula und krault ihm die Mähne. »Dann brauchen wir noch einen Namen für dich!«, fällt ihr ein. Paula streichelt das weiße Fell. Lauter schwarze Punkte sind darauf. »Wie wär's mit Pünktchen?«, fragt sie. Das Pony wiehert fröhlich und schlägt ausgelassen mit dem Schweif.

»Nanu, das Pony ist ja immer noch da«, wundert sich Papa, als er in den Garten kommt. »Ich rufe mal bei der Polizei an, ob jemand ein Pferd vermisst.«

Doch bei der Polizei hat sich niemand gemeldet. Paula freut sich schon. »Können wir es dann nicht behalten?«, fragt sie. Mama schüttelt den Kopf. »Das Pony gehört trotzdem jemandem. Und der ist bestimmt schon ganz traurig, weil sein Pony weg ist. Das wärst du doch auch!« Paula nickt.

»Willst du ihm nicht helfen, sein Pony wiederzufinden?«

»Wie denn?«, fragt Paula.

»Du könntest in der Nachbarschaft Zettel aufhängen, dass uns ein Pony zugelaufen ist«, schlägt Mama vor. Große Lust hat Paula dazu nicht. Trotzdem fährt sie mit dem Fahrrad los und hängt ein paar Zettel auf.

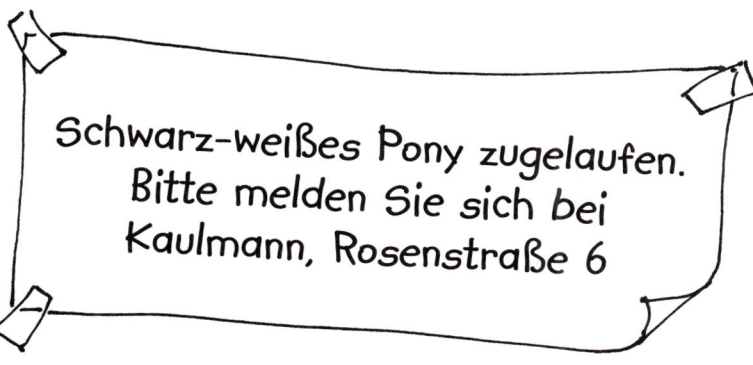

Schwarz-weißes Pony zugelaufen.
Bitte melden Sie sich bei
Kaulmann, Rosenstraße 6

Wem gehört das Pony?

Bis sich jemand meldet, darf das Pony im Garten bleiben. Paula bringt ihm einen Eimer Wasser. Genug Gras zum Fressen hat es ja.

»Ich hätte so Lust, das Pony zu putzen!«, seufzt Paula.

»Dann hol doch den Staubwedel!«, meint Papa. Er liegt im Liegestuhl, um sich vom Auspacken zu erholen.

»Mensch, Papa!« Paula verdreht die Augen. »Um ein Pony zu putzen, braucht man einen Striegel und eine Kardätsche.«

»Eine was?«, fragt Papa. Er hat wirklich keine Ahnung!

»Das ist eine weiche Bürste«, erklärt Paula. Dann fällt ihr etwas ein.

Ihre Haarbürste ist doch ganz weich. Ob sie die zum Striegeln nehmen kann? Paula läuft ins Bad, holt ihre Bürste und probiert es einfach. Und Pünktchen gefällt es.

»Du putzt ihm aber nicht noch mit deiner Zahnbürste die Zähne?«, fragt Papa, bevor er wieder ins Haus geht. »Klar doch«, grinst Paula und bürstet weiter.

»Darf ich dich jetzt mal reiten?«, fragt sie Pünktchen, als sie fertig ist. Das Pony scheint nichts dagegen zu haben. Einen

107

Sattel hat Paula nicht. Hm, wie kommt man bloß ohne Steigbügel auf ein Pony? Paula versucht es mit einem Stuhl. Doch jedes Mal, wenn sie den Stuhl neben das Pony gerückt hat und aufsteigen will, geht Pünktchen ein paar Schritte weiter. »Dann probiere ich es einfach ohne Stuhl«, denkt Paula. Als Pünktchen stehen bleibt, um ein paar Margeriten zu fressen, nimmt sie Anlauf. Doch gerade als sie auf seinen Rücken springen will, rast Pünktchen los. Paula landet auf ihrem Po. »Aua!«, ruft sie und will schon schimpfen. Aber da sieht sie, dass Pünktchen zum Gartentor galoppiert ist. Dort steht ein fremdes Mädchen und schlingt die Arme um Pünktchens Hals. Das Pony schnaubt leise.
»Wer bist du denn?«, fragt Paula überrascht.
»Ich bin Anna-Maria. Mir gehört das Pony!«

Und dann erzählt Anna-Maria, dass sie mit ihren Eltern ihre Oma besucht hat. Und da ist ihr Pony einfach ausgebüxt.

»Um mich zu suchen, wahrscheinlich«, meint Anna-Maria. »Dann habe ich nach ihm gesucht! Wie verrückt! Bis ich die Zettel entdeckt habe. Die hast du bestimmt geschrieben?«

Paula nickt.

»Das war eine tolle Idee!«, sagt Anna-Maria. »Ich bin ja so froh, dass ich mein Pony wiederhabe!«

Paula ist gar nicht froh. Pünktchen ist ihr erster neuer Freund, den sie hier gefunden hat.

»Nimmst du das Pony gleich mit?«, fragt sie. »Klar«, sagt Anna-Maria und macht einen Strick am Halfter fest. Sie hat auch einen Helm mitgebracht. Und Reitstiefel.

»Auf Wiedersehen, Pünktchen«, murmelt Paula traurig zum Abschied.

»Woher weißt du, dass mein Pony Pünktchen heißt?«, staunt Anna-Maria. Paula schaut sie groß an.

»Mein Pony heißt wirklich Pünktchen!«

»Ehrlich?«, fragt Paula.

»Ja, ehrlich«, grinst Anna-Maria.

Und dann fragt sie Paula noch etwas. Etwas ganz Tolles: »Hast du nicht Lust, Pünktchen mit mir nach Hause zu bringen? Dann können wir nachher zusammen reiten.

»Aber ja!«, lacht Paula. »Klar habe ich Lust! Und wie!«

Das Springturnier

Eine Geschichte von Klaus-P. Weigand
mit Bildern von Milada Krautmann

Anna ist zum ersten Mal mit ihrem Pferd Floppy bei einem Turnier. Gerade will sie sich den Platz ansehen, da entdeckt Anna ein anderes Mädchen mit einem wunderschönen Schimmel. Anna geht mit Floppy zu ihr.

»Hallo, ich bin Anna«, sagt sie, »und das ist Floppy.«

»Hi! Ich bin Tatjana!«, antwortet das Mädchen. »Mein Pferd heißt Lafayette.«

»Das ist ja ein schöner Name!«, staunt Anna. »Wollen wir zusammen den Platz abgehen?«

Anna und Tatjana schauen sich jedes Hindernis genau an.

»Vor dem Wassergraben hat Floppy immer Angst«, erzählt Anna, »er ist ein bisschen wasserscheu.«

»Echt?«, lacht Tatjana. »Ist er denn überhaupt ein ausgebildetes Springpferd?«

»Natürlich!«, antwortet Anna.

Tatjanas Blick fällt auf ein Goldkettchen, das Anna am Hals trägt. »Das ist ja ein Pferd auf dem Anhänger!«, staunt sie.

Anna lächelt. »Den haben mir Papi und ...«

Doch Tatjana unterbricht sie. »Ich finde ihn ziemlich kitschig, wenn ich ehrlich bin. Komm, wir müssen jetzt die Pferde fertig machen!«

Im Stall bereiten die Mädchen ihre Pferde für das Turnier vor.

»Lafayette ist wirklich wunderschön, Tatjana!«, sagt Anna und will ihm mit dem Striegel den Hals bürsten.

»He, spinnst du?«, fährt Tatjana sie an. »Doch nicht mit so einem Plastikding!«

Da lässt Anna Tatjana lieber in Ruhe und kümmert sich um Floppy.

Beim Einreiten haben Anna und Floppy viel Spaß. Aber Tatjana hat Probleme mit Lafayette. Der Schimmel scheut und will nicht über das Hindernis springen.

»Was ist denn mit ihm los?«, fragt Anna.

»Sonst ist er nie so!«, zischt Tatjana. »Das ist nur wegen deinem Floppy. Der lenkt ihn total ab!«

Anna glaubt, dass es an Tatjana selber liegt.

Endlich ist es so weit!

Das Turnier kann beginnen!

Aber wo ist Tatjana? Sie soll doch vor Anna starten!

»Taatjaaanaaaa!«, ruft Anna. »Wir müssen sie suchen, Floppy!«

Schnell findet Floppy Lafayette und Tatjana hinter den Boxen.

»Was ist denn los, Tatjana?« Anna legt ihre Hand auf Tatjanas Arm. »Du weinst ja!«

»Hast du denn gar keine Angst vor der Prüfung?«, fragt Tatjana.

»Nein«, sagt Anna. »Ich hab ja meinen Gold-Floppy.«

»Deinen was?«, fragt Tatjana.

Anna zeigt den Anhänger an ihrem Goldkettchen. »Den haben mir Mama und Papa als Glücksbringer geschenkt«, erklärt Anna.

Da werden die Mädchen schon zum Turnierplatz gerufen.

»Ich starte heute nicht«, sagt Tatjana.

»Doch, na klar!«, ruft Anna und hat eine Idee: »Ich leih dir einfach meinen Gold-Floppy!« Schnell hängt sie Tatjana die Halskette um.

»Meinst du wirklich, dein Gold-Floppy hilft auch bei mir?«, fragt Tatjana.

»Keine Ahnung«, lacht Anna, »probier's einfach aus!« Sie hilft Tatjana aufs Pferd, da fällt der Startschuss.

Tatjana liegt toll in der Zeit und schafft mit Lafayette jede Hürde.

»Jaaaa«, ruft Anna begeistert, »es funktioniert!«

Dann ist Anna an der Reihe.

»Toi, toi, toi, Anna!«, sagt Tatjana und gibt ihr schnell die Kette zurück. »Dein Gold-Floppy ist echt super!«

»Ich weiß!«, lacht Anna und reitet los.

Auch Anna kommt gut über die Stangen. Doch am Wassergraben berührt Floppy mit dem hinteren Huf knapp das Wasser.

»Oh nein!«, ruft Tatjana.

Tatjana wartet an der Ziellinie auf Anna. »Es tut mir so leid«, sagt sie.

Aber Anna strahlt. »So gut wie heute waren wir noch nie! Stimmt's, Floppy?« Stolz streichelt sie Floppys Hals. »Du warst richtig tapfer am Wassergraben! Beim nächsten Mal schaffen wir's!«

Das Pferd schnaubt zufrieden.

Aufgeregt verfolgen die Mädchen weiter das Turnier.

Dann endlich steht es fest: Tatjana ist Zweite geworden! Und auch Floppy und Anna bekommen eine Schleife für den sechsten Platz.

»Danke!«, sagt Tatjana nach der Siegerehrung zu Anna. »Ohne deinen Gold-Floppy hätte ich es nie geschafft! Und ...«, Tatjana schaut ein bisschen verlegen, »ich finde ihn gar nicht kitschig. Sondern wunderschön!«

»Das weiß ich doch, Tatjana!«, lacht Anna.

Das große Wiedersehen!

Eine Geschichte aus dem Buch »Conni und das tanzende Pony«
von Julia Boehme mit Bildern von Herdis Albrecht

Was bisher geschah: Conni darf mit Anna in den Ferien einen Voltigierkurs
besuchen. Und schon in einer Woche geht's los. In der Zwischenzeit übt
Conni auf ihrem Drehstuhl Voltigierfiguren. Und sie bekommt einen
Brief von Liska, die auch wieder auf den Reiterhof fährt.

Dann ist es so weit: Anna und Conni sitzen auf der Rückbank von Papas Auto
und starren gebannt aus dem Fenster.

»Gleich sind wir da«, meint Papa.

Als ob sie das nicht wüssten! Da, gerade fahren sie am Ortsschild von Rittenfelde
vorbei. Papa setzt den Blinker und schon holpern sie über Kopfsteinpflaster durch
eine schmale, schattige Allee.

»Juhu!« Direkt vor ihnen liegt der Ponyhof. Kaum hält der Wagen, stürmen Conni
und Anna los. Denn aus dem grünen Kombi, der kurz vor ihnen angekommen ist,
holt Liska gerade ihr Gepäck.

»Hallo!«, lacht sie. Und schon fallen sich alle um den Hals.

Vor dem Haus warten Herr und Frau Behrens auf ihre Gäste. Ihnen gehört der
Ponyhof.

»Wie schön! Dann sind ja alle da«, freut sich
Frau Behrens. »Ihr habt noch etwas Zeit
und könnt euch in Ruhe euer Zimmer
einrichten. Es ist gleich oben rechts.
Und um drei Uhr gibt es vor
dem ersten Training noch eine
kleine Stärkung.«

»Soll ich euch tragen helfen?«, fragt Papa, als er ihre Reisetaschen aus dem Kofferraum hievt.

»Wir sind doch keine Babys«, stellt Conni klar.

»Tja«, meint Papa, »dann bin ich hier wohl überflüssig.«

»Stimmt haargenau!« Conni gibt Papa schnell noch ein Abschiedsküsschen, bevor sie ihn ins Auto schiebt. »Gute Fahrt und grüß Mama und Jakob schön!«

Papa winkt noch einmal aus dem Fenster, bevor er um die Ecke biegt. Aber das hat Conni gar nicht mehr gesehen. Denn schon schleppen Anna, Liska und sie ihre Reisetaschen ins Haus, die Treppe hoch zum Mädchenschlafzimmer.

Von den vier Betten ist eines schon belegt.

»Wer schläft denn hier?«, wundert sich Liska.

»Mann, ist die ordentlich«, staunt Anna.

Das geblümte Nachthemd liegt exakt in der Mitte des Bettes. Gleich darunter auf dem Fußboden steht fein säuberlich ein Paar Hausschuhe. Und auch auf dem Nachttisch herrscht penible Ordnung.

»Oje, hoffentlich ist das nicht irgend so eine Pingeltante«, meint Liska.

»Ach, mit der werden wir schon fertig«, lacht Conni.

»Stimmt, die wird sicher mehr unter unserer Unordnung leiden als wir unter ihrer Ordnung«, meint Liska und wirft mit Schwung all ihre Tüten und Taschen aufs Bett.

Anna, die angefangen hat, ihre Sachen in einen der Schränke zu räumen, schaut sie von der Seite an. Ein bisschen mehr Ordnung würde Liska auch nicht schaden ...

»Wollen wir nicht lieber zu den Ponys gehen?«, fragt Conni. »Auspacken können wir doch später noch!«

Das überzeugt selbst Anna. Die drei rennen die Treppe wieder hinunter, quer über den Hof zur Weide.

Sie müssen gar nicht lange warten. Schon kommen die Ponys zu ihnen ans Gatter getrabt, um sie zu begrüßen. Conni kennt sie noch alle von ihrem letzten Besuch

auf dem Pferdehof: Da ist Nero, ein ungestümer Rappe, Pünktchen, die alte Liese, Kasper, Josefina, Bianca, Stern und Wirbelwind.

Nur ein Pony fehlt. Eine kleine Schimmelstute.

»Wo ist denn Karlina?«, fragt Conni.

Liska zuckt mit den Schultern. »Keine Ahnung!«

»Das gibt's doch nicht«, murmelt Conni enttäuscht. Ausgerechnet Karlina ist nicht da. Ihr Lieblingspony!

»Vielleicht wird sie gerade geritten«, versucht Anna sie zu trösten.

»Jetzt? Das glaub ich nicht!« Conni schluckt. »Sie wird doch noch hier auf dem Hof sein, oder?«

»Bestimmt«, sagt Anna schnell. »Wir fragen gleich mal Frau Behrens!«

»Schaut doch mal den Fuchs dahinten«, meint Liska plötzlich. »Der ist neu, oder?«

»Ist der hübsch«, ruft Anna.

Conni nickt. Das Pony hat leuchtend rotes Fell, eine helle Mähne und eine breite Blesse am Kopf. Besonders niedlich sind die vier weißen Söckchen. Trotzdem: Karlina wäre ihr lieber gewesen. Conni hatte sich schon so auf sie gefreut. Die Möhren in ihrem Rucksack sind doch vor allem für sie!

»Warum kommt der Neue denn nicht auch ans Gatter?«, fragt Anna und schnalzt mit der Zunge. »Na, komm doch! Komm!«

Der Fuchs stellt aufmerksam die Ohren auf und trabt zwei Schritte näher heran. Doch ganz ans Gatter traut er sich nicht.

»Mann, ist der scheu!«, lacht Liska.

»Passt mal auf, gleich kommt er!« Conni zieht eine Tüte aus
ihrem Rucksack. »Hallo! Wir haben auch was Schönes dabei.«
Die anderen Ponys drängen sich noch näher um die Mädchen.
Jedes versucht, am meisten Äpfel und Möhrenstückchen zu ergattern.
Nur der Neue traut sich immer noch nicht. Na, so was! Conni läuft
am Zaun entlang, ganz in seine Nähe.

»Ja, komm, das ist für dich!«, lockt sie und hält ihm eine Möhre hin.
Zaghaft kommt das Pony näher. Es hat Conni fast erreicht, als Nero blitzschnell
herangaloppiert und es verjagt.

»Na, hör mal! Was soll denn das? Es ist genug für alle da!«, schimpft Conni und
versteckt die Möhre hinter ihrem Rücken. »So ein Rüpel wie du bekommt keine
Extramöhre!«

Nero scharrt mit seinem Huf, doch Conni bleibt eisern. Als der Rappe wieder zu
Anna und Liska hinübertrabt, versucht Conni nochmals, das neue Pony an den
Zaun zu locken. Doch es traut sich nicht mehr. So verfüttert Conni ihre Möhre
schließlich an Liese. Kaum sind die Leckerbissen alle, tollen die Ponys wieder auf
der Weide herum. Der kleine Fuchs bleibt dabei immer abseits der Herde.

»Er scheint hier noch gar keinen Freund gefunden zu haben«, meint Conni.

»Armer Kerl«, nickt Anna. »Manchmal ist es auch für Ponys schwer, irgendwo
neu zu sein!«

»Seid mal still!« Liska legt den Finger
auf den Mund. »Ich glaub, in der Halle
wird trainiert!«

»Was? Schon?« Conni kann es kaum
glauben.

Doch jetzt hört sie es auch: In der Reithalle
gibt jemand Anweisungen.

»Los, lass uns mal gucken!«, schlägt sie vor.

Tatsächlich! Mitten in der Halle steht Frau Behrens und longiert ein Pony. Ein hübsches, schneeweißes Pony. Conni macht vor Freude einen Hüpfer. »Aber da ist ja Karlina!« Nur schade, dass die Äpfel und Möhren schon alle sind.

Doch Karlina hat zum Fressen auch gar keine Zeit. An der Longe galoppiert sie im Kreis herum. Auf ihrem Rücken kniet ein Mädchen.

»Schaut euch das an«, staunt Anna. Das Mädchen steht auf, streckt ein Bein nach hinten und macht, perfekt wie aus dem Lehrbuch, die Übung, die Conni zu Hause auf ihrem Stuhl probiert hat.

Doch das Beste kommt noch: ein Handstand. Ein Handstand auf einem galoppierenden Pony! Wahnsinn! Conni bleibt die Luft weg. Sie reitet ja selbst schon seit ein paar Jahren. Und natürlich machen sie hin und wieder ein paar Übungen auf dem Pferderücken, reiten freihändig oder verkehrt herum. Aber so etwas? Das ist ja zirkusreif!

»Prima, Celina! Einfach großartig!«, ruft Frau Behrens. »Mach noch einen schönen Abgang, dann hören wir für heute auf.«

Im nächsten Moment wirbelt Celina durch die Luft und landet kerzengerade auf dem Boden. Conni, Anna und Liska applaudieren.

»Oh, wir haben ja Zuschauer«, ruft Frau Behrens. Celina macht lachend eine kleine Verbeugung. Während Frau Behrens Karlina ablongiert, schlendern die drei Freundinnen wieder zur Ponyweide hinüber. »Vielleicht war das mit dem Voltigierkurs doch keine so gute Idee«, murmelt Anna.

»Wieso das denn?«, fragt Liska verwundert.

»Hast du das nicht gesehen? Ich kann ja noch nicht einmal auf dem Boden einen vernünftigen Handstand«, erwidert Anna.

»Na und? Soweit ich weiß, haben wir uns für einen Anfängerkurs angemeldet«, lacht Liska.

»Trotzdem, allein das Abspringen!«, ruft Anna.

»Das geht bestimmt auch einfacher«, meint Conni.

»Klar«, sagt Liska. »Das normale Abspringen ist ganz leicht.«

Anna hebt den Kopf. »Wirklich?«

»Aber ja«, nickt Liska, »nur das Aufspringen soll verflixt schwierig sein!«

Anna guckt, als habe sie in eine saure Zitrone gebissen.

»Na komm!« Conni stupst sie aufmunternd an. »Das wird schon nicht so schlimm!«

Seufzend schiebt Anna ihre Brille hoch. »Diese Celina macht das alles, als ob es nichts Einfacheres gäbe. Und dann sieht sie noch verdammt gut aus.«

Liska nickt. »Würde mich nicht wundern, wenn es die ist, die bei uns im Zimmer wohnt. Das ist eins dieser perfekten Mädchen: kann immer alles, ist ordentlich, hübsch und hilfsbereit! Woaah, schrecklich!« Liska schüttelt sich.

Anna wirft ihr einen bösen Blick zu. »Überhaupt nicht schrecklich!« Also, wenn sie einen Wunsch frei hätte, wüsste sie, was sie sich wünscht: nämlich ganz genauso wie diese Celina sein!

Die Ponys auf der Weide beachten die Mädchen nicht weiter. Gemütlich grasen sie im Schatten und denken gar nicht daran, noch einmal an den Zaun zu kommen.

»Kaum haben wir nichts mehr zum Knabbern, sind wir abgemeldet!«, schimpft Conni lachend.

»Dann können wir ja auspacken«, sagt Anna.

»Fällt dir nichts Besseres ein?« Liska stöhnt, kommt dann aber doch mit aufs Zimmer. »Na gut, bringen wir's hinter uns.«

Sie sind fast fertig, als die Tür aufgeht. Es ist Celina.

»Hallo«, sagt Anna. »Du kannst echt ...« Sie bricht mitten im Satz ab und starrt – ebenso wie Conni und Liska – fassungslos auf den langen weißen Stock, den Celina bei sich hat. Einen Blindenstock!

Conni findet als Erste ihre Sprache wieder. »Du kannst echt toll voltigieren«, beendet sie Annas Satz.

»Danke! Dann habt ihr also zugeschaut«, lacht das Mädchen. »Ich heiße übrigens Celina. Und ihr?«

»Ich bin Conni.«

»Ich Liska!«

»Und ich bin Anna!«

»Bist ... bist du blind?«, platzt Liska heraus.

»Ja, von Geburt an«, sagt Celina. Dabei klingt sie gar nicht traurig.

»Kannst du gar nichts sehen?«, fragt Conni.

»Nichts!«

»Wie ist denn das?«, fragt Liska. »Siehst du dann einfach nur schwarz?«

»Nein«, sagt Celina. »Nicht schwarz, nicht weiß, nicht grau. Ich sehe einfach nichts. Man hört ja auch keinen hohen oder tiefen Ton, wenn man taub ist.«

»Nichts?« Anna schüttelt sich. »Das kann ich mir gar nicht vorstellen.«

»Und ich kann mir Sehen nicht vorstellen«, meint Celina. »Im Übrigen müsst ihr euch keine Sorgen machen, ich brauch keinen Babysitter. Hier auf dem Hof kenne ich mich prima aus.«

»Wir machen uns keine Sorgen«, sagt Conni schnell. »Aber wenn wir trotzdem mal helfen können ...«

»Das ist nett«, lacht Celina. »Also, es wäre toll, wenn ihr möglichst wenig auf dem Boden rumstehen lasst. Das sind echte Stolperfallen für mich.«

Liska überlegt einen Moment. »Bist du deswegen so ordentlich, damit du nicht fällst?«

»Ja, und damit ich alles wiederfinde.« Celina lacht. »Ohne Ordnung bin ich verloren!«

»Und worauf sollen wir noch achten?«, fragt Anna hilfsbereit.

»Darauf, dass die Schranktüren zu sind. Sonst knalle ich garantiert dagegen!«

»Kein Problem!«, meint Liska und schließt ihre Schranktür mit einem gezielten Tritt. Wumms!

Eine Nacht auf dem Ponyhof

Eine Geschichte von Julia Boehme
mit Bildern von Heike Wiechmann

»Ist das nicht toll?« Laura strahlt ihre beste Freundin an. »Supertoll!!« Sofie strahlt zurück. Heute gehen sie nach der Reitstunde nicht nach Hause. Sie übernachten in der Scheune! Die ganze Reitklasse: Laura, Sofie, Ina, Margarete, Tom und Florian. Nun sitzen sie am Lagerfeuer und grillen Würstchen. Ein schöneres Wochenende können sich Laura und Sofie gar nicht vorstellen.

In der Scheune darf jeder schlafen, wo er will. Laura schläft natürlich neben Sofie. Die beiden Jungs bauen sich weiter oben aus Heuballen eine Schlafburg.

Plötzlich prasselt eine Ladung Heu auf die Mädchen herunter.

»He!«, ruft Margarete. Schon stürmen die Mädchen die Burg der Jungs. Und die schönste Heuschlacht ist in vollem Gang.

Laura verpasst Tom gerade eine Ladung Heu, als Frau Hauser nach dem Rechten schaut. Ihr gehört der Ponyhof. »Jetzt ist aber wirklich Schluss!«, lacht sie.

Schade! Laura schüttelt sich die Halme aus den Haaren und kuschelt sich in ihr Strohbett. Es pikst ein bisschen, aber sonst ist es richtig gemütlich.

Natürlich wird noch etwas getuschelt. Aber nach und nach schlafen alle ein.
Mitten in der Nacht schreckt Laura auf. Sie weiß nicht, was sie geweckt hat.
Sie lauscht. Es ist ganz still auf dem Hof. Leise steht Laura auf und schaut aus
der Dachluke. Drüben im Pferdestall brennt das Licht. Merkwürdig! Aber nein!
Lauras Herz klopft. Das kann doch nur eins heißen: Schneeflöckchen bekommt
ihr Fohlen! Schon seit Wochen darf Laura nicht mehr auf ihrem Lieblingspony
reiten, weil es trächtig ist. Vielleicht
ist es ja heute so weit!

Schnell weckt sie Sofie:
»Schneeflöckchen bekommt ihr
Fohlen!«

Sofort setzt sich Sofie auf. »Echt?«
»Na ja, im Stall brennt Licht«,
wispert Laura. Plötzlich ist sie sich
ihrer Sache nicht mehr so sicher.

»Komm, wir schauen nach!« Bevor Sofie etwas sagen kann, schlüpft Laura in ihre
Schuhe. Leise schleichen die Mädchen nach draußen.

Die Tür zum Stall quietscht wie immer. Aber in der Nacht klingt es noch
mal so laut. Laura und Sofie starren sich an. Ob sie jemand gehört hat? Doch
niemand kommt. Lautlos schleichen sie die Stallgasse hinunter. Es ist düster und
unheimlich. Nur in der Box ganz hinten brennt Licht. Durch einen schmalen
Türspalt können sie hineingucken. Schneeflöckchen liegt auf der Seite. Ihr Bauch
hebt und senkt sich heftig.

Die Freundinnen kommen gerade rechtzeitig. Schneeflöckchen bekommt wirklich
ihr Kind. Zuerst sieht man nur einen Huf, dann ein Vorderbein, ein zweites Bein
und schließlich den Kopf. Und mit einem Mal ist das ganze Fohlen da. Es hat kein
weißes Fell wie seine Mutter, sondern dunkelbraunes. Wie Schokolade mit einem
Klecks Sahne zwischen den Augen. Laura strahlt: Ist das niedlich!

Erschöpft liegen Mutter und Kind im Stroh. Schließlich rappelt sich Schneeflöckchen auf. Sanft schleckt sie ihr Junges von oben bis unten ab.

Dann erst tritt Frau Hauser vor. Vorsichtig säubert sie den Nabel des Fohlens.

Da entdeckt sie die Mädchen. Sie wirft ihnen einen strengen Blick zu. Ab ins Bett,
heißt das. Aber Laura und Sofie können sich einfach nicht losreißen. Das Fohlen
ist viel zu süß!

Frau Hauser seufzt. Also gut! Schließlich war sie auch einmal acht Jahre alt.

Nun versucht das Fohlen aufzustehen. Wieder und wieder stemmt es die Beine
hoch, knickt ein und versucht es von Neuem.

»Los, du schaffst es!«, feuert Laura das Fohlen heimlich an.

Da! Endlich steht das Fohlen, wenn auch noch recht wackelig, Es wagt sogar ein Schrittchen nach vorn. Suchend tapst es zur Mutter. Schneeflöckchen stupst ihr Junges in die richtige Richtung.

Doch es dauert noch, bis das Kleine das Euter findet und trinkt. Na endlich! Laura strahlt. Sie ist stolz, als wäre es ihr Fohlen! Nach dem Trinken ruht sich das kleine Fohlen aus. Frau Hauser schlüpft aus der Box. »Jetzt aber marsch ins Bett!« Laura und Sofie nicken nur und huschen davon. Laura kuschelt sich in ihre Decke. So etwas Wunderbares! Sie könnte jubeln vor lauter Glück.

Die anderen sind längst beim Frühstück, als Laura und Sofie aufwachen. Laura reibt sich die Augen. »Ich habe etwas Wunderbares geträumt!«

Sofie kichert. »Das war kein Traum!«

Im Nu sind die beiden angezogen.

»Na, ihr Nachteulen!«, begrüßt sie Frau Hauser.

»Wie geht es dem Kleinen?«, fragt Sofie.

»Alles bestens, eben war schon der Tierarzt da, um nach dem Rechten zu sehen!«

Frau Hauser schaut die beiden an. »Es ist übrigens ein kleines Hengstfohlen. Überlegt euch schon mal, wie es heißen soll!«

»Wir dürfen einen Namen aussuchen?«, fragt Laura atemlos.

»Wo ihr doch bei der Geburt dabei wart«, lacht Frau Hauser.

Während der Reitstunde sind die beiden Freundinnen gar nicht richtig bei der Sache. Immer müssen sie an das Fohlen denken. Tausend Namen gehen Laura

durch den Kopf. Aber der richtige ist nicht dabei. Nach dem Reiten werden die Ponys geputzt, bevor sie auf die Weide kommen. Das Wochenende auf dem Ponyhof ist damit zu Ende. Die anderen Kinder haben sich längst auf den Heimweg gemacht.

Nur Laura und Sofie sitzen noch auf dem Zaun. Sie haben immer noch keinen passenden Namen gefunden.

»Na, wollt ihr das Fohlen noch einmal sehen?«, fragt Frau Hauser.

Auf einer geschützten Weide ist Schneeflöckchen mit ihrem Kind. Von Weitem schauen Laura und Sofie zu, wie das Kleine tollpatschig über die Wiese stakst. Sein braunes Fell sieht so kuschelig aus!

»Wir könnten es Schoko nennen«, meint Laura vorsichtig.

Frau Hauser überlegt. »Wahrscheinlich bleibt es gar nicht braun, sondern wird irgendwann ein Schimmel wie seine Mutter.«

»Echt?« Laura überlegt einen Moment.

»Aber es gibt doch auch weiße Schokolade!«

Sofie lacht. »Also gut, dann Schoko!«

Auch Frau Hauser ist einverstanden.

»Und wisst ihr was? Weiße Schokolade mag ich sogar am liebsten!«
Glücklich radeln Laura und Sofie nach Hause. Dass das Wochenende auf dem
Ponyhof toll wird, war ja klar. Aber dass es so wundervoll wird, hätten sie nicht
gedacht. Nie im Leben!

Frau Grünklee macht was Gemeines

Eine Geschichte aus dem Buch »Ponyherz. Anni findet ein Pony« von Usch Luhn mit Bildern von Franziska Harvey

Was bisher geschah: Anni ist vor Kurzem aufs Land gezogen. Hier gibt es Reiterhöfe ohne Ende – und leider auch jede Menge Stallzicken. Dieser Morgen fängt nicht gerade gut an: Anni zofft sich mit ihren Eltern, ihr kleiner Bruder Lars bekleckert ihr schönes T-Shirt mit Kakao und dann verpasst Anni auch noch den Schulbus. Zu allem Überfluss steht im Deutschunterricht auch noch ein doofer Aufsatz an. Und mit Frau Grünklee, der Lehrerin, ist nicht zu spaßen.

Das Aufsatzthema, das Frau Grünklee an die Tafel schreibt, heißt:

MEIN SCHÖNSTES FERIENERLEBNIS

»Ihr habt genug Zeit. Strengt euch an und macht nicht so viele Fehler«, ermahnt die Lehrerin ihre Klasse. Sie setzt sich hinter das Lehrerpult. »Bestimmt habt ihr alle etwas Spannendes erlebt. Der schönste Aufsatz wird vorgelesen.«

Na toll. Sosehr Anni auch grübelt – dazu fällt ihr einfach nichts ein. Schließlich waren ihre Eltern in den Ferien rund um die Uhr mit dem neuen Gewächshaus beschäftigt. Deshalb hat Anni die meiste Zeit draußen im Garten gesessen und an ihrer Ponygeschichte gezeichnet. Oder Lars beim Tunnelbauen mit seinem Bagger geholfen. Total aufregend also.

»Anni Sommer, nicht schon wieder träumen. Die Aufgabe gilt auch für dich!« Frau Grünklee trommelt mit einem Kugelschreiber auf ihrem Tisch herum und blinzelt sie ungeduldig an. Schuldbewusst beugt sich Anni über ihr leeres Heft. Sogar Lorenz scheint eine Idee zu haben. Zumindest hat er schon fast eine halbe Seite vollgeschrieben.

Mein schönstes Ferienerlebnis war,

beginnt Anni auf gut Glück,

als mein Pony bei uns eingezogen ist. Ich lag noch im Bett.
Da hat Mama gerufen: »Anni, komm schnell auf den Hof!«
Als ich hinausgerannt bin, stand mein Pony da. Es guckte mich aus
seinen großen braunen Augen ganz süß an und es hat zur Begrüßung
mit den Hufen gescharrt. Sein Fell war ganz weich.
Vorne auf der Stirn ist ein kleiner Fleck, der sieht aus wie ein Herz.
Da wusste ich gleich einen Namen für mein Pony: Ponyherz.
Ich bin ohne Sattel auf den Rücken von Ponyherz geklettert und wir
sind in den Wald geritten. Jeden Tag haben wir etwas Neues erlebt.
Einmal ist sogar ein Reh mit seinem Jungen mitgelaufen. Die Rehe waren
ganz zutraulich und ich konnte das kleine Rehkitz streicheln. Als es sehr
heiß war, haben wir unten am Waldsee eine Pause gemacht und Ponyherz
hat durstig Wasser getrunken.
Ich bin bis in die Mitte vom See geschwommen. Plötzlich sah ich, dass
Ponyherz neben mir schwamm. Das war ziemlich witzig!
Obwohl mein Papa sehr viel arbeitet, hat er in den Ferien einen neuen,
größeren Stall für Ponyherz gebaut. Der steht direkt vor meinem Zimmer,
sodass ich am Abend durch das Stallfenster gucken kann.
Mein Ponyherz und ich sind unzertrennlich. Jeden Morgen, wenn ich aufstehe,
sage ich als Erstes meinem Pony Hallo.
Das waren meine schönsten Sommerferien überhaupt! Denn Ponyherz
ist das tollste Pony auf der Welt.

Anni legt ihren Füller zur Seite und liest sich den Text noch einmal durch. Sonst schreibt sie nicht gerne Aufsätze, aber heute ist sie mit ihrer Arbeit sehr zufrieden. Nicht einen einzigen Rechtschreibfehler findet sie.

Auch Lorenz ist gerade fertig geworden. Er linst auf ihr Heft. Schnell legt Anni die Hand auf die vollgeschriebene Seite.

Die anderen Kinder schreiben noch alle. Anni schaut auf die Uhr über der Tafel. Für die zweite Stunde hat Frau Grünklee eine Leseübung angekündigt. In zehn Minuten klingelt es aber erst mal zur Frühstückspause. Wäre also noch genügend Zeit für ...

Anni zieht vorsichtig ihr Zeichenheft aus dem Rucksack und legt es über ihren Aufsatz. Sie sucht ihren weichen Bleistift aus dem Federmäppchen und legt los. Die Idee, dass sie zusammen mit Ponyherz im Waldsee herumpaddelt, muss sie unbedingt malen.

Gar nicht so einfach, ein schwimmendes Pferd zu zeichnen. Konzentriert entwirft sie erst einmal eine Skizze. Nein, das gefällt ihr noch gar nicht.

So sieht ihr Ponyherz eher aus wie ein Nilpferd mit aufgerissenem Maul. Unzufrieden radiert sie den Kopf wieder weg und beginnt neu.

Viel besser! Vielleicht kriegt sie es sogar hin, dass es aussieht, als ob sie Ponyherz beim Schwimmen den Arm um die Mähne legt.

Anni ist so sehr in ihre Bilder versunken, dass sie gar nicht bemerkt, dass Lorenz sie beim Zeichnen voller Neugier beobachtet.

Aber noch jemand ist auf Anni aufmerksam geworden. Frau Grünklee.

Im Gegensatz zu Lorenz scheint ihr gar nicht zu gefallen, was sie da sieht.

Im selben Augenblick, als Lorenz Anni warnend mit dem Ellbogen in die Seite schubst, steht Frau Grünklee auch schon vor Annis Platz.

»Das nennst du also Aufsatz schreiben?«, fragt sie streng und blinzelt heftig.

Anni lässt vor Schreck ihren Bleistift fallen. Er kullert Lorenz direkt vor den Fuß.

»Ich bin schon lange fertig, Frau Grünklee«, stammelt sie verlegen und schlägt beiläufig das Zeichenheft zu.

Frau Grünklee schnappt sich das Heft und blättert es ungeduldig durch. »So schnell? Das bin ich gar nicht von dir gewohnt, Anni. Außerdem noch lange kein Grund, gelangweilt herumzukritzeln. Du hättest dir besser schon mal die Leseübung vorgenommen. Habe ich recht?« Sie schaut Anni erwartungsvoll an.

Anni antwortet nicht. Dass Frau Grünklee ihre Zeichnungen als Kritzeleien bezeichnet, findet sie total fies.

»Plötzlich stumm?«, hakt Frau Grünklee ungehalten nach. »Ach, weißt du was, Anni? Wir machen einen Handel: Ich nehme deine Malkünste so lange in Verwahrung, bis ich eure Aufsätze gelesen habe. Damit ich ganz sicher sein kann, dass du in meinem Unterricht auch nichts verpasst.«

Es klingelt zur Pause. Frau Grünklee steckt Annis Zeichenheft ein und verschwindet aus dem Klassenzimmer.

Pia wirft Anni einen seltsamen Blick zu.

Anni dreht schnell den Kopf weg. Noch einen blöden Spruch kann sie jetzt echt nicht brauchen! Heiße Tränen steigen in ihr auf.

»Mann, das war voll gemein!«, schimpft Lorenz neben ihr. »Was hat denn Frau Grünklee gegen dich? Ich finde deine Bilder echt witzig.« Er bückt sich. »Hier, dein Bleistift. Kannst du auch Hunde malen? Wir haben einen Mops, der sieht zum Piepen aus.«

Annis Hals schnürt sich zu. »Ach, lass mich doch in Ruhe!«, faucht sie. »Mich mag einfach keiner. Hast du das noch nicht bemerkt?«

Sie rennt wütend auf den Schulhof und kraxelt bis ganz nach oben auf den Kletterturm.

»Niemand mag mich«, wiederholt sie trotzig. »Und ich kann auch niemanden leiden.« Und dann muss sie vor Kummer ziemlich lange weinen.

An diesem Vormittag bekommt Anni nichts mehr vom Unterricht mit. Nicht einmal die Hausaufgaben schreibt sie sich auf. Auch Lorenz lässt sie links liegen, seit sie ihn angefaucht hat. Aber das ist Anni nur recht.

Während die anderen rechnen, stellt sich Anni vor, wie schön es wäre, jetzt mit Ponyherz durch den Wald zu traben.

Gar nicht weit vom Waldsee entfernt ist eine große Blumenwiese. Anni hat die Lichtung zufällig entdeckt, als sie allein durch den Wald gestromert ist. Irgendjemand hat dort vor langer Zeit einmal Turnier-Hindernisse aufgebaut. Die meisten sind längst verrottet, aber mit einigen ist noch etwas anzufangen. Auf dieser Wiese mit Ponyherz Springreiten zu üben, wäre einfach toll ...

In der letzten Stunde haben sie Sport. Anni stellt sich vor, dass sie mit Ponyherz über Zäune und Mauern fliegt. Und das funktioniert richtig gut! Ohne Angst überwindet Anni den Bock.

»He, Anni, das hast du super gemacht!«, lobt sie Herr Eber überrascht. »Ich habe nach der letzten Stunde gedacht, du traust dich gar nicht mehr, über den Bock zu springen.« Er nickt zufrieden und trägt eine gute Note in sein Notizbuch ein.

»Nö, ich mag Bockspringen sogar gerne, Herr Eber«, erwidert Anni und grinst zum allerersten Mal an diesem Vormittag. »Ich stell mir einfach vor, ich bin Pias Turnierpferd.«

Die ganze Klasse lacht und Anni wird vor Schreck darüber richtig rot. Lorenz zwinkert ihr zu. Nur Pia zieht ein saures Gesicht.

Beim Umziehen trödelt Anni so lange, dass sie als Letzte die Turnhalle verlässt. Der Schulhof ist fast leer, nur das knallgelbe Mountainbike von Lorenz steht noch bei den Fahrradständern. Von Lorenz selbst keine Spur.

An der Bushaltestelle warten schon Pia und einige andere Mädchen aus ihrer Klasse.

Anni schlendert in Zeitlupe auf die Haltestelle zu. Auf Pia hat sie gerade keine große Lust.

»Hallo, Anni, komm doch mal her! Wir wollen dich dringend was fragen ...«, ruft Pia in dem Augenblick zu ihr herüber. Gleichzeitig kichert Bine los.

Anni wird ganz heiß. Das kann doch nur etwas Gemeines sein! Sie dreht sich suchend nach Lorenz um, aber er ist nirgends zu sehen.

Ihr Blick fällt auf das Schild zum Wanderweg. Sie weiß, dass der Weg bis zum Waldsee führt, eine ziemliche Strecke, und dann ist sie immer noch nicht zu Hause. Aber das ist Anni im Moment ganz egal. Hauptsache, sie kann ihren kichernden Mitschülerinnen entfliehen.

»Keine Zeit! Ich muss woanders lang!«, ruft sie Pia zu und biegt hastig in den Waldweg ein. Ohne sich umzuschauen, läuft sie weiter. Erst als sie sicher ist, dass Pia und Bine ihr nicht folgen, bleibt sie stehen.

Außer Atem lässt sie sich in das feuchte Moos fallen. Nun erst merkt sie, wie ihr Magen knurrt. Sie hat in der Pause keinen Krümel gegessen, weil sie so stinksauer auf Frau Grünklee war. Hungrig wühlt sie in ihrem Rucksack und verschlingt ihr Käsebrot.

Ein bisschen gruselig findet Anni diesen Ort schon. Der Weg zwischen den dichten Brombeerhecken ist so schmal, dass sie sich gerade so durchschlängeln kann. Wenn sie nicht aufpasst, bleibt sie mit ihrem Rucksack an den dornigen Ranken hängen. Einmal stolpert sie über einen mit Moos bewachsenen Stein und ratscht sich den Knöchel blutig. Wie das brennt! Anni verteilt ein bisschen Spucke auf der Wunde, um den Schmerz zu lindern.

Endlich ist sie am Waldsee. Es ist ein besonders heißer Tag heute. Hier sieht es freundlicher aus und nicht so dunkel wie in den Brombeeren. Warme Sonnenstrahlen tanzen auf den Birkenblättern. Ein paar Mücken taumeln müde über dem Wasser. Es ist still. Selbst die Vögel halten Mittagsschlaf.

Anni taucht ihre Hand in das hellgrüne Nass. Das Wasser ist so klar, dass man sich in seiner Oberfläche spiegeln kann. Nachdenklich betrachtet sich Anni. Wenn ich weiter so grimmig gucke, denkt sie, bekomme ich noch so dicke Runzeln wie Frau Grünklee. Sie schneidet ein paar ulkige Grimassen, um sich selbst zum Lachen zu bringen.

Der Trick funktioniert. Schließlich wiehert Anni so vergnügt wie ein Fohlen. Schlagartig fällt ihr wieder Ponyherz ein. Sie schließt die Augen und stellt sich ewig lange vor, wie schön es wäre, ein Pferd zu haben. Wie schön es wäre, sich jetzt an der Mähne von Ponyherz festzuhalten und zusammen mit ihm durch das kühle Wasser zu treiben. Wie auf ihrer Zeichnung ...

Plötzlich hört Anni ein leises Wiehern.

»Was ist los, Ponyherz?« fragt Anni. »Keine Lust mehr auf Baden?«

Das Wiehern wird lauter. Etwas Weiches, Feuchtes stupst gegen ihren linken Arm und wirft Anni beinahe um.

»Iiiiih! Hör auf, Ponyherz! Das kitzelt ja voll«, kichert Anni.

Im selben Augenblick erschrickt sie so sehr, dass sie auf ihren Po plumpst.

Sie reißt die Augen auf und sagt heiser: »Ponyherz!?«

Annis Herz rast wie verrückt.

Direkt vor ihr steht ein Pony und schaut sie wie gebannt aus seinen schönen braunen Augen an. »Bist du Ponyherz?«, flüstert Anni und streckt die Hand aus.

Gerade erreicht die Sonne den Waldsee und wirft ihr Licht auf die Wasseroberfläche. Der See beginnt zu glitzern und zu glimmern wie im Märchen. Ein Sonnenstrahl trifft Anni und das goldene Fell des Ponys und hüllt sie in warmes Licht.

Das Pony schüttelt seine Mähne und stupst mit dem Kopf vorsichtig gegen Annis Schulter. Anni entdeckt einen herzförmigen weißen Fleck, gut versteckt unter der dichten Mähne.

»Ja, du bist Ponyherz«, seufzt Anni zufrieden und schlingt ohne Angst ihre Arme um seinen Hals.

Anni vergräbt ihr Gesicht in das Fell und atmet tief durch. Es ist warm und riecht gut. »Endlich bist du da, Ponyherz«, sagt Anni glücklich. »Ich hab dich furchtbar lieb.«

In diesem Moment ertönt eine laute Fahrradklingel.

»Anni! Bist du hier?«

Erschreckt lässt Anni das Pony los.

Das junge Tier wirft alarmiert seinen Kopf herum.

Im nächsten Augenblick jagt es in das helle

Licht Richtung Blumenwiese auf und

davon.

Mitmach-Spaß!
für Pony-Fans

Bastle eine Filz-Pferdeklammer

Für die Filz-Pferdeklammer brauchst du Filz in Dunkelbraun und Hellbraun, eine Holzwäscheklammer (ca. 7 cm lang), Acrylfarbe, Klebstoff, Pinsel und einen schwarzen Marker.

1 Den Pferdekörper wie in der Vorlage aus hellbraunem Bastelfilz ausschneiden, Mähne, Hufe und Schweif aus dunkelbraunem Filz. Die Vorlage findest du auf Seite 140.

2 Alle Teile wie abgebildet zusammenkleben.

3 Mit dem Pinsel das Auge in Weiß auftupfen und trocknen lassen. Anschließend mit Permanentmarker einen schwarzen Punkt hineinmalen.

4 Die Holzwäscheklammer auf der Rückseite des Ponys festkleben.

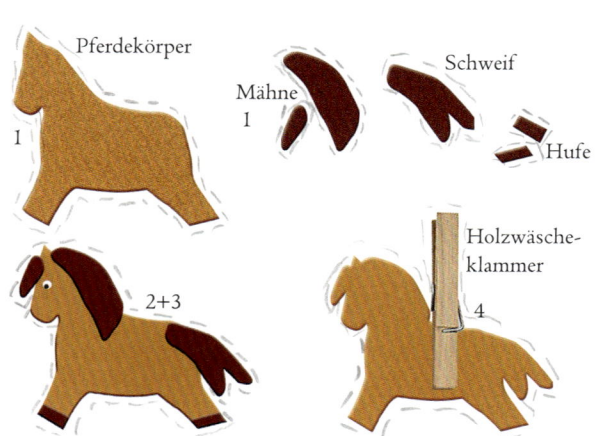

Was frisst ein Pferd?

Pferde fressen gerne Äpfel, Möhren, trockenes Brot, Gras, Heu und Getreide. Pass aber auf, dass du eine flache Hand machst, wenn du einem Pferd etwas zu fressen gibst.

Streiche alle Nahrungsmittel durch, die ein Pferd nicht fressen darf!

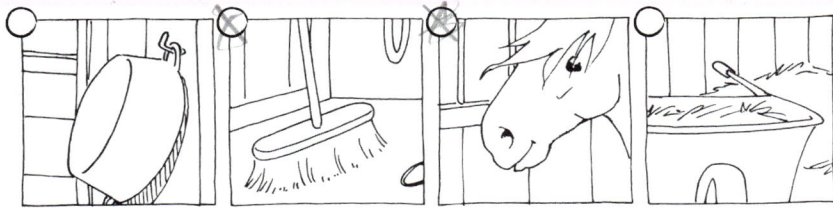

Die Bildersuche

Welcher Bildausschnitt passt in das große Bild? Kreuze an.
Male die Bilder aus.

Mähne
Nüstern
Rücken
Flanke
Schweif
Maul
Fessel
Huf

Wie viele Fohlen wie dieses kannst du auf diesen beiden Seiten entdecken?

Galopp in welche Richtung?

Welches Pferd galoppiert nach rechts ➡, welches nach links ⬅?
Male die Pfeile in die Kästchen.

Vorlage für die Filz-Pferdeklammer

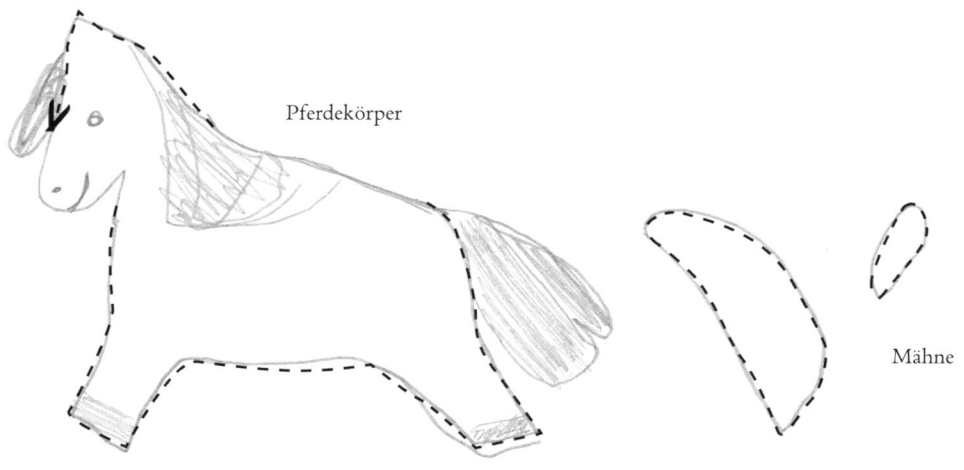

Pferdekörper

Mähne

Schweif

Hufe

1 Übertrage die Schablonen auf ein Blatt Papier und schneide sie aus.

2 Lege sie auf den Filz.

3 Zeichne mit einem Stift um die Schablone herum.

4 Jetzt kannst du die einzelnen Teile für dein Pferd ausschneiden und zusammenkleben.